La Búsqueda Final

Rick Joyner

Whitaker House

A menos que se indique lo contrario, todas las citas bíblicas fueron tomadas de: La Santa Biblia, Revisión 1960, © Sociedades Bíblicas Unidas. Usada con permiso.

LA BÚSQUEDA FINAL

Rick Joyner
MorningStar Publications
16000 Lancaster Highway
Charlotte, NC 28277
1-800-542-0278

ISBN: 0-88368-489-6
Impreso en Estados Unidos de América

Whitaker House
30 Hunt Valley Circle
New Kensington, PA 15068

Library of Congress Cataloging-in-Publication Data

Joyner, Rick, 1949–
[Final quest. Spanish]
La búsqueda final / Rick Joyner.
p. cm.
ISBN 0-88368-489-6 (trade paper : alk. paper)
1. Armageddon—Miscellanea. I. Title.
BS649.A68J6818 1997
248.2'9—dc21 97-11903

2 3 4 5 6 7 8 9 10 11 12 / 06 05 04 03 02 01 00 99

Índice

Reconocimientos

Un agradecimiento especial al equipo editorial por todo el fuerte trabajo y las largas horas que hicieron posible este libro: Dianne Thomas, Julie Joyner, Steve Thompson, Trisha Doran, Becky Chaille, Terri Herrera y Felicia Hemphill.

INTRODUCCIÓN

A principios de 1995 el Señor me dio un sueño, el cual constituye el primero de varias experiencias proféticas que se enlazan entre sí. Publiqué una versión condensada del primer sueño en el *The Morning Star Prophetic Bulletin* (Boletín profético la estrella de la mañana), y en *The Morning Star Journal* (Diario la estrella de la mañana) bajo el título «The Hordes of Hell Are Marching» (Las huestes del infierno están marchando). A medida que continué buscando al Señor con respecto a esta gran batalla espiritual que había visto, tuve una serie de visiones y experiencias proféticas relacionadas a esto. Publiqué también versiones condensadas en *The Morning Star Journal* bajo el título «The Hordes of Hell Are Marching», en sus partes II y III.

Esta serie llegó a ser, probablemente, uno de los escritos más populares que jamás hayamos publicado. Fuimos abrumados con solicitudes para que las tres partes fuesen publicadas juntas en un libro. Tomé la determinación de hacerlo y comencé añadiendo todo aquello que había quedado fuera en las versiones condensadas. Sin embargo, justo cuando estaba listo para entregar la publicación a nuestro departamento editorial, tuve otra experiencia profética relacionada obviamente con esta visión, la cual contenía —tal como lo presentía— la parte más importante de todas. Esta se incluye en las Partes IV y V de este libro (algo de la Parte IV fue publicada en la Parte III en *The Journal*) Existe también una cantidad considerable de material inédito en las primeras partes de este libro.

Cómo recibí la visión

Una de las preguntas más comunes con respecto a la visión concierne al aspecto en cómo la recibí. Creo que esta es una pregunta importante y por lo tanto intentaré responderla brevemente. Primeramente, debo explicar lo que quiero decir por «visiones» y experiencias «proféticas».

Las experiencias «proféticas», como las llamo, son numerosas y diversas. Estas incluyen todas las formas primarias con las cuales el Señor ha hablado a su pueblo en las Escrituras. Debido a que el Señor es el mismo hoy tal como lo fue ayer, nunca ha dejado de relacionarse con su pueblo en las mismas formas, y estas experiencias continúan encontrándose a lo largo de la historia eclesiástica. Como explicó el apóstol Pedro en el sermón registrado en Hechos 2, los sueños, visiones y profecías son señales principales de los últimos días y del derramamiento del Espíritu Santo. Obviamente, a medida que nos acercamos al final de estos tiempos, aquellas llegan a ser manifestaciones cada vez más comunes en nuestros días.

Una de las razones por las cuales ahora se han vuelto más comunes es porque las necesitaremos para concluir nuestros propósitos en esos tiempos. Además es cierto que Satanás, quien desafortunadamente conoce las Escrituras mejor que muchos cristianos, también comprende la importancia de la revelación profética en la relación de Dios con su pueblo, y por eso él está derramando sus propios dones falsos en gran medida a aquellos que le sirven. Sin embargo, no existirían dones falsos si no hubiera una realidad genuina, así como no existen billetes falsos de tres dólares, porque no hay un billete real por este valor.

Poco después de llegar a ser cristiano, en 1972, leí Hechos 2 y comprendí que si este era el tiempo final sería importante entender aquellas formas en las cuales el Señor nos estaría hablando. No recuerdo haber orado inicialmente pidiendo estas experiencias, pero comencé a tenerlas, y esto me dio aun más ímpetu para comprenderlas.

Desde aquel entonces mi vida se movió por ciclos: unos fueron saturados de experiencias muy frecuentes, mientras que otros transcurrieron sin experimentar nada. Sin embargo, después de cada período sin experiencias, estas regresaban, ya fuera más poderosas o más frecuentes. Últimamente se han caracterizado por ambas modalidades. A través de todo esto he aprendido mucho acerca de los dones proféticos, de las experiencias y de las personas proféticas. Estos temas los trataré ampliamente en un libro que será publicado próximamente.

Hay muchos grados de revelación profética. Los iniciales incluyen «impresiones» proféticas. Estas revelaciones son genuinas y pueden ser extraordinariamente específicas y precisas cuando son interpretadas por quienes son experimentados y sensibles a ellas. Sin embargo, es en este plano que nuestras «revelaciones» pueden ser afectadas por nuestros propios sentimientos, prejuicios y doctrinas. Por lo tanto, he resuelto no usar expresiones como: «Así dice el Señor», con ninguna revelación que viene de esta categoría.

Las visiones también pueden venir en categorías de impresiones. Son suaves y deben ser vistas con «los ojos de nuestro corazón». Estas, también pueden ser bastante específicas y precisas, especialmente cuando se reciben o son interpretadas por los experimentados. Mientras más abiertos sean los ojos de nuestros corazones, como Pablo oraba en Efesios 1:18, más poderosas y útiles podrán ser.

El próximo grado de revelación es un sentido consciente de la presencia del Señor o de la unción de su Espíritu Santo, quien ilumina de forma especial a nuestra mente. Con frecuencia esto llega mientras estoy hablando o escribiendo, lo que me da mucha más confianza acerca de la importancia o precisión de lo que estoy diciendo. Creo que esto probablemente fue experimentado por los apóstoles a medida que escribían las epístolas del Nuevo Testamento. Esto nos dará mayor confianza, pero aún es una etapa donde todavía podemos ser influenciados por nuestros prejuicios, doctrinas, etc. Este es el motivo por el cual creo que en algunos aspectos Pablo decía que él estaba dando su opinión, pero que creía tener el acuerdo del Espíritu del Señor. En general, se necesita mucha más humildad que dogmatismo cuando tratamos con lo profético.

«Las visiones abiertas» ocurren en un grado más alto que las impresiones, y tienden a darnos mayor claridad de la que podamos tener, aun cuando sintamos la presencia consciente del Señor, o la unción. Las visiones abiertas son externas y se perciben con la claridad de una pantalla de cine. Debido a que no las podemos controlar, creo que hay menos posibilidades de mezcla en las revelaciones que llegan de esta manera.

Otra etapa más alta de la experiencia profética es un *trance*, tal fue lo que tuvo Pedro cuando fue instruido para ir a la casa de Cornelio y predicar el evangelio a los gentiles por primera vez, y como el que tuvo Pablo cuando oró en el templo en Hechos 22. Los trances eran una experiencia común para los profetas bíblicos. Son como soñar despierto. En lugar de ver simplemente en «una pantalla» como en una visión abierta, se siente como si se estuviera dentro de la película, que en realidad se está allí de una forma muy extraña. Los trances pueden oscilar desde aquellos que son más o menos leves, donde se es consciente del entorno físico —e incluso se puede interactuar con él—, hasta aquellos en donde uno siente que literalmente está en el lugar de la visión. Esto parece ser lo que experimentó Ezequiel con frecuencia, y probablemente Juan cuando tuvo las visiones registradas en el libro de Apocalipsis.

Todas las visiones contenidas en este libro se iniciaron con un sueño. Algunas llegaron bajo un sentido muy intenso de la presencia del Señor, pero la mayoría fueron sorprendentemente recibidas en alguna etapa de trance. La mayor parte llegó al plano donde yo todavía estaba consciente de mi medio ambiente, e incluso podía interactuar con él, tal como responder al teléfono. Si estas eran interrumpidas, o las cosas llegaban a ser tan intensas que tenía que pararme y caminar, cuando volvía a sentarme retornaba inmediatamente al punto preciso que había dejado. En cierta ocasión la experiencia llegó a ser tan intensa que me levanté y me fui de la cabaña, en la montaña donde voy a buscar al Señor, y conduje el auto hasta mi hogar. Después de haber transcurrido más de una semana, regresé y casi inmediatamente estaba justo donde había quedado.

Nunca he sabido cómo «encender» tales experiencias, pero casi siempre he tenido la libertad de «apagarlas» según mi voluntad. En dos ocasiones, grandes porciones de esta visión llegaron en momentos que consideré inoportunos, como cuando había ido a mi cabaña a realizar un trabajo importante, mientras confrontaba un plazo de vencimiento. Dos de nuestras ediciones de *The Journal* estaban algo retrasadas debido a esto y el último libro que publiqué hubiera esperado terminarlo unos meses antes. ¡Pero el Señor no parece estar muy preocupado con nuestros plazos!

En el sueño y en los trances, tuve lo que considero eran dones de discernimiento y palabra de conocimiento que habían sido magnificados grandemente. Algunas veces, cuando miro a una persona u oro por una iglesia o ministerio, comienzo a saber cosas acerca de ellos de las cuales no tengo ningún conocimiento natural. Durante las experiencias proféticas estos dones operan a un grado que nunca he experimentado personalmente en «la vida real». Es decir, en esta visión puedo ver la división de las huestes del mal y conocer todas sus estrategias y capacidades al instante. No sé cómo vino a mí este conocimiento; simplemente sabía las cosas y con gran detalle. En algunos casos miraba algo o a alguien y conocía su pasado, presente y futuro; todo a la vez. Para ahorrar tiempo y espacio en este libro, he incluido este conocimiento simplemente como un hecho sin entrar en explicación de cómo lo obtuve.

La utilización de revelaciones proféticas

Debo afirmar enfáticamente que creo que ningún tipo de revelación profética existe con el propósito de establecer doctrina. Para ello tenemos la Escritura.

Existen dos usos básicos para lo profético. El primero es para revelar la voluntad estratégica, presente o futura, del Señor en ciertos asuntos. De esto tenemos ejemplo en el sueño de Pablo de ir a Macedonia, y el trance por el cual se le dijo que se fuera inmediatamente de Jerusalén. También tenemos ejemplos en el ministerio de Agabo. Uno de estos está relacionado con una hambruna que vendría sobre todo el mundo, y la otra tiene que ver con la visita de Pablo a Jerusalén.

También vemos que dichas revelaciones son dadas para iluminar la doctrina que se enseña en la Escritura y que no se percibe con claridad. El ejemplo del trance de Pedro es uno que iluminó tanto la voluntad del Señor como la sana enseñanza bíblica de la Escritura, dada con mucha claridad (que los gentiles podían recibir el evangelio), pero que aún no había sido comprendido por la iglesia.

Las visiones en este libro contienen algunas revelaciones estratégicas y también iluminaron algunas doctrinas bíblicas que yo, honestamente, no había visto antes, pero que ahora veo con mucha claridad. Sin embargo, la mayor parte de la doctrina que fue iluminada para mí en estas experiencias la había conocido y enseñado durante años, aunque no puedo decir que las había vivido muy bien. Muchas veces pensé acerca de la advertencia que Pablo dio a Timoteo, acerca de poner atención a sus propias enseñanzas. Muchas de las palabras habladas a mí mismo en estas experiencias, yo mismo las he enseñado muchas veces. Sé que he fracasado en practicar algunas de mis propias enseñanzas de la forma que debería hacerlo y, por lo tanto, muchas de estas las acepté como amonestaciones personales. Aun así, también sentía que eran mensajes generales y los he incluido aquí.

Algunos me motivaron a escribir esto como una alegoría, en tercera persona, como ocurre en *El progreso del peregrino,* pero decidí no hacerlo de esa forma por varias razones. Primero, siento que algunos lo habrían tomado como resultado de mi propia creatividad, lo cual hubiese sido un error. Me gustaría ser así de creativo, pero no lo soy. Otra razón era que sentía que podía ser más preciso si lo relataba tal como lo había recibido e hice lo mejor que pude para transmitir estas experiencias de la misma forma que fueron recibidas. Sin embargo, considero que mi memoria con respecto a los detalles es una de mis grandes debilidades. En algunos momentos he cuestionado mi memoria con respecto a algunas cosas en esta visión y creo que usted debe tener por lo tanto la libertad de hacer lo mismo. Creo que esto es correcto con cualquier tipo de mensaje como este. Solo las Escrituras merecen ser consideradas infalibles. Mientras lee, oro pidiendo que el Espíritu Santo lo conduzca a la verdad y que separe cualquier desperdicio que pueda estar presente entre el trigo.

Rick Joyner

PARTE I

Las huestes del infierno están marchando

El ejército demoníaco era tan grande que se extendía tan lejos como podía ver. Estaba separado en divisiones, cada una cargando una bandera diferente. Las divisiones más cercanas marchaban bajo la bandera del Orgullo, la Justicia Propia, la Respetabilidad, la Ambición Egocéntrica, el Juicio Injusto y los Celos. Existían muchas de estas divisiones malvadas más allá del alcance de mi visión, pero aquellas en la vanguardia de esta terrible hueste del infierno parecían ser las más poderosas. El líder del ejército era el mismo Acusador de los hermanos.

Las armas que llevaba este ejército también fueron nombradas. Las espadas se llamaban Intimidación, las lanzas Deslealtad y las flechas Acusación, Chisme, Mentira y Búsqueda de Faltas. Algunos centinelas y compañías más pequeñas de demonios, con nombres tales como Rechazo, Amargura, Impaciencia, Falta de Perdón y Lujuria, fueron enviadas adelante de este ejército para preparar el ataque principal.

Las compañías más pequeñas y los centinelas eran menores en número, pero no por ello menos poderosas que algunas de las divisiones grandes que los seguían. Eran más pequeñas solo por motivos estratégicos. Así como Juan el Bautista era un hombre solo, pero le fue dada una unción extraordinaria para bautizar a multitudes y prepararlas para el Señor, a estas compañías demoníacas más pequeñas se les dio un poder malévolo extraordinario para «bautizar a las masas». Un solo demonio de amargura hubiera podido cultivar su veneno en multitudes de personas e incluso razas o culturas enteras. Un demonio de lujuria podría apegarse a un solo actor, película o incluso publicidad y enviar lo que parecen ser descargas de basura eléctrica que pegan y «desensibilizan» a las grandes multitudes. Todo esto era para preparar el camino de la gran hueste de maldad que seguiría.

Este ejército marchaba específicamente en contra de la Iglesia y atacaba a todo aquel que podía. Yo sabía que estaba buscando un derecho preferencial para ganar terreno en una movida futura por parte de Dios, destinada a movilizar al pueblo para entrar a la Iglesia.

La estrategia primaria de este ejército era la de causar división en todas las escalas posibles de relaciones —iglesias unas con otras, las congregaciones contra sus pastores, entre los esposos, hijos contra sus padres, e incluso niños entre sí. Los centinelas fueron enviados para ubicarse en las entradas de las iglesias, de las familias o de los individuos, allí donde el Rechazo, Amargura, Lujuria, etc. pudieran explotar y hacer rupturas mayores. Luego las siguientes divisiones se filtrarían a través de estas rupturas, para vencer a sus víctimas por completo.

La parte más sorprendente de esta visión fue que este ejército no estaba montado sobre caballos, ¡sino principalmente sobre cristianos! La mayoría de ellos estaban bien vestidos, eran respetables y tenían la apariencia de ser refinados y educados, pero también parecían representar casi todo camino de vida. Estas personas profesaban verdades cristianas para apaciguar sus conciencias, pero vivían conforme a los poderes de la oscuridad. A medida que se ponían de acuerdo con aquellos poderes, los demonios asignados a ellos crecían y dirigían más fácilmente sus acciones.

Muchos de estos creyentes eran anfitriones de más de un demonio, pero había uno que obviamente estaba al mando. La naturaleza del líder dictaminaba cuál división estaba entrando. Aunque todas las divisiones marchaban juntas, también parecía que al mismo tiempo el ejército entero estaba al punto del caos. Por ejemplo, los demonios del odio odiaban a los otros, tanto a los demonios como a los cristianos. Los demonios de los celos estaban celosos unos de otros. La única manera en que los líderes de esta multitud mantenían a los demonios alejados de las peleas entre ellos era enfocando aquel odio, aquellos celos, etc. en contra de las personas sobre las cuales cabalgaban. Sin embargo, estas personas con frecuencia terminaban peleando. Supe que de esta manera algunos de los ejércitos que habían estado en contra de Israel en las Escrituras, se habían destruido a sí mismos. Cuando su propósito en contra de Israel se había frustrado, su ira llegó a ser incontrolable y simplemente comenzaron a pelear unos contra otros.

Observé que los demonios estaban montando encima de los cristianos, pero no estaban dentro de ellos, como en el caso de los no cristianos. Era obvio que estos creyentes solo debían dejar de estar de acuerdo con los demonios para poderse liberar de ellos. Por ejemplo, si el cristiano sobre el cual un demonio de celos estaba montado, comenzaba a cuestionarlo, este se debilitaba muy rápidamente. Cuando esto sucedía, el demonio que se estaba debilitando gritaba y el líder de división dirigía a todos los demonios en torno al cristiano para atacarlo, hasta que la amargura, etc. se acumulara en él nuevamente. Si esto no funcionaba, los demonios comenzaban a citar porciones de la Escritura y la tergiversaban, de tal manera que se justificara la amargura, las acusaciones, etc.

Era claro que el poder de los demonios estaba arraigado casi completamente en el poder de la decepción, sin embargo habían engañado a estos cristianos hasta el punto en que los podían usar y hacerlos creer que estaban siendo usados por Dios. Esto se debía a que los estandartes de Autojusticia estaban siendo cargados por la mayoría de los individuos, de manera que aquellos que marchaban no podían siquiera ver las banderas que marcaban la verdadera naturaleza de estas divisiones.

Cuando miré a lo lejos, al fondo de este ejército vi el séquito del mismo Acusador. Comencé a comprender su estrategia y estaba sorprendido de que fuera tan simple. Él sabía que una casa dividida no podía permanecer firme, y este ejército representaba un intento de traer tal división a la Iglesia, que ella podía caer por completo de la gracia. Aparentemente, que la única forma en que él podía hacer esto era usando a los cristianos para guerrear en contra de sus propios hermanos, y este es el motivo por el cual casi todos en las divisiones frontales eran cristianos, o por lo menos profesaban serlo. Cada paso que estos creyentes engañados tomaban en obediencia al Acusador, fortalecía el poder de este sobre aquellos. Esto hacía que su confianza y la de todos sus comandantes creciera con el progreso del ejército a medida que este marchaba. Era evidente que el poder de este ejército dependía de que los cristianos estuviesen de acuerdo con los métodos del mal.

Los prisioneros

Siguiendo tras las primeras divisiones estaba una multitud de cristianos, quienes eran prisioneros del ejército. Todos ellos estaban heridos y eran vigilados por pequeños demonios del temor. Parecía que había más prisioneros que demonios en el ejército. Sorprendentemente, estos prisioneros tenían sus lanzas y sus escudos, pero no los usaban. Era impresionante ver que muchos eran mantenidos cautivos por unos pocos y pequeños demonios de temor muy pequeños y escasos. Si los cristianos solo hubieran usado sus armas, fácilmente hubiesen podido librarse y, probablemente, hacerle daño a la hueste entera del mal. Por el contrario, marchaban sumisos.

Encima de los prisioneros, el cielo estaba negro de buitres, llamados Depresión. Ocasionalmente estos aterrizaban sobre los hombros del prisionero y vomitaban sobre él. El vómito era Condenación. Cuando el vómito caía sobre un prisionero este se ponía de pie y marchaba un poco más recto por un tiempo; luego se doblaba con mayor debilidad que antes. Nuevamente, me preguntaba por qué los prisioneros no mataban a estos buitres con sus lanzas, lo cual hubieran podido hacer fácilmente.

Ocasionalmente, los prisioneros más débiles tropezaban y caían. Tan pronto golpeaban el piso, los otros prisioneros comenzaban a enterrarles sus espadas y al mismo tiempo los despreciaban. Los buitres venían y comenzaban a devorar a aquellos que habían caído, incluso antes que estuviesen muertos. Los demás prisioneros cristianos se paraban a su lado mirando esto con aprobación y punzando ocasionalmente con sus espadas a los caídos.

A media que observaba me di cuenta que estos prisioneros pensaban que el vómito de la condenación era verdad de Dios. ¡Luego comprendí que los prisioneros realmente creían que estaban marchando en el ejército de Dios! Este es el motivo por el cual no mataban a los pequeños demonios de temor, ni a los buitres; ¡pensaban que estos eran mensajeros de Dios! La oscuridad de la nube ocasionada por los buitres tornaba difícil que los prisioneros vieran que estaban aceptando ingenuamente todo lo que les sucedía, como si viniese del Señor. Creían que aquellos que se tropezaban estaban bajo el juicio de Dios, motivo por el cual los atacaban así. ¡Creían estar ayudando a Dios!

El único alimento provisto para estos prisioneros era el vómito de los buitres. Aquellos que se rehusaban a comerlo simplemente se debilitaban hasta caer. Los que lo comían eran fortalecidos durante un tiempo, con la fortaleza del maligno. Luego se debilitaban, a menos que tomaran de las aguas de Amargura que continuamente se les ofrecía. Después de tomar de las aguas amargas comenzaban a vomitar sobre otros. Cuando uno de los prisioneros comenzó a hacer esto, un demonio que estaba esperando por un recorrido se montó sobre él y lo condujo hasta una de las divisiones delanteras.

Peor que el vómito de los buitres era una sustancia mucosa repugnante que los demonios orinaban y defecaban encima de los cristianos sobre los cuales montaban. Esta sustancia mucosa era Orgullo, Ambición Propia, etc., naturaleza que caracterizaba la división. Sin embargo, la sustancia mucosa hacía que los cristianos se sintieran mucho mejor que la condenación que ya sentían, de manera que fácilmente creían que los demonios eran mensajeros de Dios y estaban convencidos que esta sustancia mucosa era la unción del Espíritu Santo.

Me había sentido tan asqueado por el ejército malvado que quería morir. Luego la voz del Señor vino a mí diciendo: «*Este es el comienzo del último ejército del enemigo. Este es el engaño final de Satanás. Su último poder de destrucción se desencadena cuando utiliza a los cristianos para atacarse unos a otros. A lo largo de la historia él ha empleado este ejército, pero nunca ha podido utilizar a tantos para sus propósitos malvados como lo está haciendo ahora. No temas; yo también tengo un ejército. Debes ponerte de pie y luchar, porque no hay ningún lugar para esconderse de esta guerra. Debes luchar por mi reino, por la verdad y por aquellos que han sido engañados.*»

La palabra del Señor fue tan motivadora que inmediatamente comencé a gritar llamando la atención de los prisioneros cristianos, diciéndoles que estaban siendo engañados, creyendo que me iban a escuchar. Cuando lo hice pareció que todo el ejército se volteó a mirarme, y el temor y la depresión que estaba sobre ellos comenzó a venir en contra mía. Continué gritando porque pensé que los cristianos se despertarían y se darían cuenta de lo que les estaba sucediendo, pero por el contrario, muchos de ellos comenzaron a buscar sus flechas para dispararme. Los otros simplemente se detuvieron como si no supiesen qué hacer o pensar de mí. Supe entonces que había hecho esto prematuramente y que había sido un error muy tonto.

Se inicia la batalla

Me di vuelta y vi el ejército del Señor de pie, detrás de mí. Había miles de soldados, sin embargo eran grandemente excedidos en número por el enemigo. Estaba conmovido y desalentado, ya que parecía que en realidad los cristianos utilizados por el malvado eran muchos más que los que había en el ejército del Señor. También sabía que la batalla que se iba a iniciar, se percibiría como La Gran Guerra Civil de los Cristianos, porque muy pocos comprenderían los poderes que estaban detrás del inminente conflicto.

A medida que observaba de cerca al ejército del Señor, la situación parecía más desalentadora. Solo un número pequeño estaba completamente vestido con su armadura. Muchos solo tenían puesta una o dos piezas de la armadura; algunos no tenían nada. Una gran cantidad ya estaba herida. La mayoría de los que tenían su armadura completa portaban un escudo muy pequeño, el cual sabía que no les protegería del ataque violento que vendría. Para mi sorpresa, la gran mayoría de estos soldados eran mujeres y niños. Muy pocos de los que estaban completamente armados se hallaban entrenados adecuadamente para usar sus armas.

Detrás de este ejército había una multitud que los seguía, similar a los prisioneros, quienes seguían a las huestes malvadas. Pero estos eran muy distintos en naturaleza. Parecían extremadamente felices, como si estuviesen intoxicados. Estaban jugando, cantando, celebrando y deambulando de un pequeño campamento al otro. Estos me recordaron al festival de Woodstock.

Corrí hacia el ejército del Señor para escapar del ataque violento que sabía vendría contra mí desde las huestes malvadas. Desde cualquier ángulo parecía que estábamos a punto de ser masacrados con una masacre unilateralmente. Estaba particularmente preocupado por este gentío que seguía al ejército, así que intenté levantar mi voz por encima del clamor para advertirles que la batalla iba a comenzar. Solo unos pocos podían oírme. Aquellos que respondieron me hicieron la señal de la paz con sus manos, y dijeron que no creían en la guerra, que el Señor no permitiría que nada malo les sucediera. Procuré explicarles que el Señor nos había dado armadura porque la necesitábamos para lo que iba a suceder, pero simplemente respondieron que habían venido a un lugar de paz y de gozo, donde nada podría sucederles. Comencé a orar sinceramente para que el Señor incrementara el número de escudos de aquellos con armadura, para ayudar a proteger a los que no estaban listos para la batalla.

Luego un mensajero vino a mí, me dio una trompeta y me pidió que la tocara rápidamente. Lo hice y aquellos que al menos tenían parte de su armadura puesta inmediatamente respondieron, prestando firme atención. Les trajeron más armadura y se la pusieron rápidamente. Me di cuenta que los heridos no se pusieron la armadura sobre sus heridas, pero antes que pudiera decir algo acerca de esto, las flechas del enemigo comenzaron a llover hacia nosotros. Toda persona que no tenía la armadura completa fue herida. Los que no habían cubierto sus heridas recibieron nuevas cortaduras en ellas.

Aquellos quienes recibieron impactos de flecha de Calumnia, inmediatamente comenzaron a calumniar a quienes no estaban heridos. Los que recibieron el golpe con Chisme comenzaron a murmurar y rápidamente una división mayor se había creado dentro de nuestro propio campamento. Sentía que estábamos al borde de la autodestrucción, de igual forma como los ejércitos incrédulos en la Escritura lo habían hecho, sublevándose para matarse unos a otros. El sentimiento de impotencia era terrible. Luego los buitres volaron hacia abajo para recoger a los heridos y llevarlos al campamento de prisioneros. Los heridos aún tenían espadas y podían haber derribado a los buitres fácilmente, pero no lo hicieron. En realidad estaban conduciéndose bajo su propia voluntad, porque tenían demasiada ira contra aquellos que no estaban heridos como ellos.

Rápidamente pensé acerca de la multitud que estaba detrás del ejército y corrí a ver qué les había sucedido. Parecía imposible, pero la escena entre ellos era aún peor. Miles estaban caídos en el suelo, quejándose. El cielo estaba oscurecido por los buitres que los llevaban alzados para hacerlos prisioneros del enemigo. Muchos de los que no estaban heridos simplemente observaban sentados con estupor e incredulidad y también eran fácilmente llevados por los buitres. Algunos habían intentado pelear contra los buitres pero no tenían las armas apropiadas, y estos ni les prestaban atención. Los heridos estaban tan airados que amenazaban y alejaban a cualquiera que intentara ayudarlos, sin embargo, eran dóciles y sumisos ante las bestias.

Los del grupo que no habían sido heridos, pero intentaban luchar contra los buitres comenzaron a huir de la escena de batalla. Este primer encuentro con el enemigo fue tan devastador que me vi tentado a huir junto a ellos. Luego, con rapidez sorprendente, algunos de los que habían huido comenzaron a reaparecer con su armadura completa, sosteniendo grandes escudos. Este fue el primer aspecto motivador que recuerdo haber visto.

Los guerreros que regresaban ya no tenían el júbilo de la fiesta, sino una sorprendente determinación que lo había reemplazado. Sabía que ellos habían sido engañados antes, pero que no serían fácilmente engañados otra vez. Comenzaron a tomar los lugares de aquellos que habían caído e incluso comenzaron a formar nuevos frentes para proteger las filas traseras. Esto generó un gran valor que se esparció al ejército, de tal manera que comenzó a surgir la determinación de pararse y luchar. Inmediatamente tres grandes ángeles llamados Fe, Esperanza y Amor vinieron y se pararon detrás del ejército. Mientras los mirábamos, todos nuestros escudos comenzaron a crecer. Era asombroso ver cuán rápidamente la desesperación se había tornado en fe. Era una fe sólida, templada por la experiencia.

El camino alto

Ahora todo el mundo tenía espadas llamadas La Palabra de Dios y flechas que estaban diseñadas para distintas verdades bíblicas. Queríamos dispararles en respuesta al ataque, pero no sabíamos cómo evitar herir a los cristianos que los demonios galopaban. Luego se nos ocurrió que si estos cristianos eran golpeados con Verdad, se despertarían y lucharían hasta desmontar a sus opresores. Lancé unas cuantas flechas como lo hicieron otros. Casi todas ellas golpearon a cristianos. Sin embargo, cuando la flecha de la Verdad les entró, no se despertaron ni cayeron heridos. Se enfurecieron y el demonio que estaba montado sobre ellos aumentó en su tamaño.

Esto nos sorprendió a todos y comenzamos a sentir que esta era una batalla imposible de ganar. Aun así, con Fe, Esperanza y Amor estábamos confiados que podíamos al menos mantener nuestro propio terreno. Otro gran ángel llamado Sabiduría apareció y nos dirigió para luchar desde la montaña que estaba detrás de nosotros.

En la montaña había una especie de peñascos en diferentes niveles, a una altura donde podíamos ver. En cada nivel superior los peñascos eran más angostos y resultaba más difícil permanecer de pie sobre ellos. Cada uno estaba designado para una verdad bíblica. Los niveles más bajos estaban designados tras los cimientos de verdades fundamentales tales como «Salvación», «Santificación», «Oración», «Fe», etc., y los más altos estaban designados tras verdades bíblicas más profundas. Mientras más alto escalábamos, más crecían nuestros escudos y espadas, y pocas eran las flechas del enemigo que podían alcanzar nuestras posiciones.

Un trágico error

Algunos de los que quedaban en los niveles más bajos comenzaron a recoger las flechas del enemigo y a dispararlas de regreso hacia ellos. Esto fue un error grave. Los demonios esquivaban las flechas con facilidad y dejaban que estas le dieran a los cristianos. Cuando un cristiano recibía un golpe por una de las flechas de Acusación o Calumnia, un demonio de Amargura o Ira volaba y se posaba sobre aquella flecha. Entonces comenzaba a orinar y a defecar su veneno sobre el cristiano. Cuando este tenía dos o tres de estos demonios añadidos al de Orgullo o Autojusticia que ya tenía, se transformaba en una imagen deformada de los mismos demonios.

Desde los niveles más altos podíamos ver lo que estaba sucediendo, pero los que se encontraban en los niveles más bajos, que utilizaban las flechas del enemigo, no lo podían ver. La mitad de nosotros decidimos continuar escalando, mientras que la otra mitad descendió a los niveles más bajos para explicarle a estos lo que estaba sucediendo. A todos se les advirtió que siguieran escalando sin detenerse, a excepción de unos pocos quienes se situaron en cada nivel para ayudar a los otros soldados a seguir escalando.

Seguridad

Cuando llegamos a la etapa llamada «La unidad de los hermanos», ninguna de las flechas nos pudo alcanzar. En nuestro campamento muchos decidieron que esto era lo más lejos que necesitaban escalar. Comprendí esto porque con cada nuevo nivel resultaba más precario colocar los pies. Sin embargo, a medida que escalaba, me sentía más fuerte y más diestro con mis armas, de manera que continué hacia arriba.

Pronto mis destrezas eran lo suficientemente buenas como para disparar y darle a los demonios sin herir a los cristianos. Sentía que si continuaba escalando podía disparar lo suficientemente lejos como para dar justo a los líderes principales de las huestes del mal, quienes permanecían detrás de sus ejércitos. Lamentaba que varios habían detenido su marcha en los niveles inferiores donde estaban seguros, pero desde allí no podían golpear al enemigo. Aun así, la fortaleza y el carácter que crecían en aquellos que continuaban escalando, hicieron de ellos grandes campeones, cada uno capaz de destruir a muchos enemigos.

En cada nivel se hallaban flechas de Verdad desparramadas que sabía habían sido dejadas allí por aquellos que habían caído de ese lugar (muchos habían caído de cada posición). Todas las flechas estaban nombradas con la Verdad de aquel nivel. Algunos se rehusaban a recogerlas, pero yo sabía que necesitábamos todas las que pudiéramos obtener para destruir la gran hueste que se encontraba abajo. Levanté una, la disparé y le pegué fácilmente a un demonio, lo cual hizo que los demás comenzaran a recogerlas y a dispararlas. Comenzamos a diezmar varias de las divisiones del enemigo. Debido a esto, el ejército maligno entero centró su atención en nosotros. Durante un tiempo parecía que mientras más lográbamos, más nos atacaba el enemigo. Aunque nuestra tarea parecía interminable, ahora nos llenaba de regocijo.

Debido a que el enemigo no nos podía azotar con sus flechas en los niveles más altos, gran cantidad de buitres volaban por encima para vomitar sobre nosotros, o para cargar a los demonios que orinaban o defecaban sobre los peñascos, haciendo que se tornaran resbalosos.

El ancla

Nuestras espadas crecían después de que alcanzábamos un nuevo nivel, aunque por poco dejo la mía atrás porque no parecía necesitarla en los niveles más altos. Fue casi por casualidad que decidí mantenerla, pensando que debió habérseme dado por alguna razón. Luego, debido a que el peñasco donde estaba parado era tan angosto y resbaloso, hundí la espada en el piso y me amarré a mí mismo con ella mientras disparaba al enemigo. La voz del Señor vino luego a mí, diciendo: «*Has empleado la sabiduría que te permitirá continuar escalando. Muchos han caído por no haber usado su espada apropiadamente para anclarse a sí mismos.*» Nadie más parecía estar oyendo esta voz, pero muchos vieron lo que yo había hecho, e hicieron lo mismo.

Me preguntaba por qué el Señor no me había hablado esto antes. Luego supe que Él ya me había dicho esto de alguna manera. Mientras meditaba sobre esto, comencé a comprender que toda mi vida había sido una capacitación para esta hora. Sabía que estaba preparado hasta el grado que había escuchado al Señor y obedecido su voz a lo largo de mi vida. También sabía que por algún motivo la sabiduría y la comprensión que ahora tenía no podía ser incrementada ni quitada mientras estaba en esta batalla. Estaba muy agradecido por cada prueba experimentada en mi vida y lamentaba el no haberla apreciado más en su momento.

Pronto estábamos golpeando a los demonios con una precisión casi perfecta. La ira ascendía del ejército enemigo como fuego y azufre. Sabía que los cristianos atrapados en aquel ejército comenzaban ahora a sentir el choque de aquella ira. Algunos llegaron a airarse tanto que ahora estaban ocupados disparándose unos a otros. Normalmente esto hubiese sido de mucha motivación, pero los que sufrían más eran los cristianos engañados, quienes estaban en el campamento del enemigo. Yo sabía que para el mundo esto parecía ser un desmoronamiento incomprensible del cristianismo mismo.

Algunos de aquellos quienes no habían utilizado sus espadas como anclas eran capaces de derrumbar a muchos de los buitres, pero también se caían más fácilmente de los peñascos donde estaban parados. Algunos de estos aterrizaban sobre un nivel más bajo, pero algunos caían hasta el fondo y eran levantados y llevados por los buitres. Pasaba cada momento libre que tenía procurando hundir mi espada más profundo en el peñasco, o procuraba amarrarme más fijo a ella. Cada vez que lo hacía, Sabiduría se paraba a mi lado, así que sabía que era muy importante.

Una nueva arma

Las flechas de Verdad rara vez penetraban a los buitres, pero los herían lo suficiente como para alejarlos. Cada vez que se alejaban, algunos de nosotros podíamos escalar al próximo nivel. Cuando llegamos al nivel llamado «Gálatas 2:20» estábamos más allá de la altura donde los buitres podrían soportar. En este nivel el cielo casi nos enceguecía con su brillo y belleza. Sentía paz como nunca la había sentido antes.

Hasta alcanzar este nivel, gran parte del espíritu de lucha había sido motivado mayoritariamente por el temor, odio o disgusto para con el enemigo, como también lo había sido por el reino, la verdad, o amor hacia los prisioneros. Sin embargo, fue en este nivel que alcancé la Fe, la Esperanza y el Amor, los cuales antes tan solo había podido ver a la distancia. Estaba arrobado por su gloria. Aun así, sentía que no podía acercarme a ellos. Cuando estaban hombro a hombro se voltearon hacia mí y comenzaron a reparar y a lustrar mi armadura. Pronto esta fue transformada y reflejaba de una manera brillante la gloria que venía de Fe, Esperanza y Amor. Cuando tocaron mi espada comenzaron a titilar grandes destellos de relámpagos brillantes. El Amor dijo: «Aquellos que alcancen este nivel, les serán encomendados los poderes de la era por venir.» Luego, volteando hacia mí con juiciosa seriedad, dijo: «Aún debo enseñarte cómo utilizarlos.»

El nivel «Gálatas 2:20» era tan ancho que no había peligro de caer. También tenía flechas ilimitadas con el nombre Esperanza escrito sobre ellas. Disparamos algunas hacia los buitres y estas los mataban fácilmente. Casi la mitad de los que habían alcanzado este nivel seguían disparando, mientras que otros comenzaron a llevar las flechas hacia abajo donde se encontraban los de niveles más bajos.

Los buitres seguían llegando como olas sobre los niveles bajos, pero había menos buitres que antes atacando a cada cristiano. Desde «Gálatas 2:20» podíamos golpear a cualquier enemigo en el ejército, excepto a los líderes mismos, quienes permanecían fuera de nuestro rango de alcance. Decidimos no utilizar las flechas de Verdad hasta haber destruido a todos los buitres, puesto que la nube de depresión que creaban hacían que la Verdad fuera menos efectiva. Esto tomó mucho tiempo, pero no nos cansamos. Finalmente parecía como si el cielo sobre la montaña estuviese casi completamente libre de buitres.

La Fe, la Esperanza y el Amor, quienes habían crecido como nuestras armas en cada nivel, ahora eran tan grandes que las personas más allá del campo de batalla podían verlas. Su gloria incluso irradiaba en el campo de los prisioneros, quienes aún estaban bajo una nube de buitres. Me sentía muy motivado que ahora ellos pudieran ver las cosas de esta manera. Tal vez, ahora los cristianos quienes habían estado acostumbrándose al enemigo y los prisioneros quienes estaban cautivos por ellos, podrían comprender que nosotros no éramos el enemigo, sino que de hecho habían sido utilizados por él.

Pero este no sería el caso, por lo menos no aún. Aquellos en el campamento del enemigo que comenzaron a ver la luz de la Fe, la Esperanza y el Amor, comenzaron a llamarlos «Ángeles de luz», quienes habían sido enviados para engañar a los débiles o a los que no tenían discernimiento. Supe entonces que su decepción y atadura era mayor de lo que había creído.

Sin embargo, cualquiera que no fuese parte de ninguno de estos dos ejércitos, los no cristianos, veían su gloria y comenzaban a acercarse a la montaña para obtener una mejor percepción. Los que se acercaban a verlos también comenzaron a entender de qué trataba realmente la batalla. Esto fue de gran motivación.

El regocijo de la victoria continuó creciendo en todos nosotros. Sentía que el estar en este ejército, en esta batalla, tenía que ser una de las aventuras más grande de todos los tiempos. Después de haber destruido a la mayoría de buitres que habían estado atacando nuestra montaña, comenzamos a quitar los buitres que aún cubrían a los prisioneros. A medida que la nube de oscuridad comenzaba a disiparse y el sol brillaba encima de ellos, comenzaron a despertarse como si hubiesen estado en un sueño profundo; inmediatamente sintieron repulsión por su condición, especialmente por el vómito que todavía los cubría, y comenzaron a limpiarse a sí mismos. A medida que contemplaban la Fe, la Esperanza y el Amor, también vieron la montaña y corrieron hacia ella.

La hueste maligna enviaba flechas de Acusación y Calumnia a sus espaldas, pero no se detuvieron. En el momento en que llegaron a la montaña, muchos tenían una docena o más de flechas penetradas en ellos, sin embargo parecía que no se daban cuenta. A medida que comenzaron a escalar la montaña, sus heridas comenzaron a sanar. Con la nube de depresión disipada todo parecía más fácil.

La trampa

Los que habían sido prisioneros tenían gran gozo en su salvación. Parecían estar sobrecogidos con aprecio por cada nivel a medida que comenzaron a escalar la montaña, lo cual nos dio un mayor aprecio de aquellas verdades. Pronto la determinación firme de luchar contra el enemigo también surgió en los que habían sido prisioneros. Se pusieron la armadura provista y rogaban que se les permitiera regresar para atacar al enemigo, quien los había tenido cautivos y había abusado de ellos por tanto tiempo. Pensamos acerca de esto, pero después decidimos que todos debíamos estar en la montaña para luchar. Nuevamente la voz del Señor habló diciendo: *«Por segunda vez has optado por la sabiduría. No se puede vencer si se procura luchar contra el enemigo en su propio terreno; deben permanecer en mi Monte Santo.»*

Estaba aterrado de que hubiéramos tomado otra decisión importante, simplemente pensando y discutiendo brevemente. Luego resolví dar lo mejor de mí para no tomar otra decisión, con ninguna consecuencia sin la oración. La Sabiduría se acercó a mí rápidamente, tomó mis hombros firmemente y me miró a los ojos, diciendo: «*¡Esto debes hacer!*»

Cuando Sabiduría me decía esto, me llevaba hacia adelante como si me estuviese salvando de algo. Miré hacia atrás y vi que aunque había estado sobre una platea ancha de «Gálatas 2:20» me había alejado hasta la orilla sin saberlo. Había estado muy cerca de caerme de la montaña. Miré nuevamente a los ojos de Sabiduría y él dijo con seriedad: «*Ten cuidado cuando crees que estás firme, no sea que caigas. En esta vida te puedes caer desde cualquier nivel.*»

Pensé acerca de esto durante un tiempo. En medio de la dicha de la victoria que estábamos comenzando a lograr y de la unidad de los hermanos, me había vuelto descuidado. Era más noble caerse a causa del ataque severo del enemigo que caer por motivos de descuido.

Las serpientes

Durante mucho tiempo continuamos matando a los buitres y arrancando a los demonios que estaban montados sobre los cristianos. Descubrimos que las flechas de diferentes Verdades podían tener un mayor impacto en diferente tipo de demonios. Sabíamos que iba a ser una batalla larga, pero ahora no estábamos sufriendo ninguna pérdida, y habíamos continuado escalando más allá del nivel de «Paciencia». Aun así, después que estos cristianos lograron que los demonios cayeran de ellos, pocos se dirigían al monte. Muchos habían tomado la naturaleza de los demonios y habían continuado en su engaño sin ellos. A medida que la oscuridad de los demonios se disipaba, podíamos ver la tierra moviéndose alrededor de los pies de estos cristianos. Luego vi que sus piernas estaban atadas por serpientes. A medida que miraba las serpientes, vi que todas eran del mismo tipo y tenían escrito sobre ellas el nombre Vergüenza.

Lanzamos flechas de Verdad a las serpientes, pero esto tuvo poco efecto. Luego intentamos con las flechas de la Esperanza sin ningún resultado. Desde «Gálatas 2:20» había sido muy fácil escalar más alto porque todos nos ayudábamos unos a otros. Debido a que parecía que había muy poco que pudiésemos hacer ahora en contra del enemigo, decidimos procurar escalar tan lejos como pudiésemos hasta que encontráramos algo que obrara en contra de las serpientes.

Pasamos niveles de verdad rápidamente. En la mayoría de ellos ni siquiera miramos si había algún arma que aparentemente obrara en contra de las serpientes. La Fe, la Esperanza y el Amor permanecieron con nosotros, pero me di cuenta que habíamos dejado de lado a Sabiduría, quien se encontraba lejos. Pasaría mucho tiempo antes que pudiese comprender qué error había sido este. Él nos alcanzaría en la cúspide, pero el haberlo dejado atrás nos costó el perder una victoria rápida y fácil sobre las huestes del mal.

Casi sin advertencia llegamos a un nivel que se abrió hacia un jardín. Era el lugar más bello que jamás hubiese visto. Encima de la entrada a este jardín estaba escrito: «El Amor Incondicional del Padre». Esta entrada era tan gloriosa y nos invitaba de tal forma que simplemente no pudimos resistir el ingresar. Tan pronto como entré vi un árbol que sabía era el Árbol de la Vida. Se encontraba en la mitad del jardín y aún estaba siendo protegido por ángeles de extraordinario poder y autoridad. Cuando los miré, ellos me miraron. Parecían amigables, como si nos estuvieran esperando. Miré hacia atrás y ahora había allí una hueste de distintos guerreros en el jardín. Esto nos dio valor, y debido a la conducta de los ángeles decidimos ir más allá de ellos para llegar hasta el árbol. Uno de los ángeles gritó. «Aquellos que lleguen a este nivel, que conocen el amor del Padre, pueden comer.»

No me había dado cuenta de cuánta hambre tenía. Cuando probé del fruto, era mejor que cualquier otra cosa que jamás hubiese comido. Pero al mismo tiempo era algo conocido. Me trajo recuerdos del brillo del sol, de la lluvia, de hermosos campos, de un atardecer del sol sobre el océano, pero aun más que esto, de las personas a quienes amaba. Con cada bocado amaba más a todo y a todas las personas. Luego mis enemigos comenzaron a venir a mi mente y a ellos también los amaba. Pronto, el sentimiento era más grande que cualquier cosa que hubiese experimentado, incluso la paz de «Gálatas 2:20» cuando logramos aquel nivel al principio. Luego escuché la voz del Señor, diciendo: *«Este es ahora tu pan diario. Nunca se te negará. Podrás comer tanto y tan frecuentemente como quieras. No hay fin para mi amor.»*

Miré hacia arriba del árbol para ver de dónde venía la voz y vi que estaba lleno de águilas de un blanco puro. Tenían los ojos más bellos y penetrantes que jamás hubiese visto. Me miraban como si estuvieran esperando instrucciones. Uno de los ángeles dijo: «Ellas harán lo que pidas. Estas águilas comen serpientes.» Dije: «¡Vayan, devoren a la Vergüenza que ha atado a nuestros hermanos!» Ellas abrieron sus alas y un gran viento vino y las elevó en el aire. Las águilas llenaron el cielo con una gloria enceguecedora. Aun tan alto como estábamos, podía escuchar los sonidos de terror del campamento del enemigo a la vista de las águilas ascendiendo.

El Rey aparece

Luego el Señor Jesús mismo apareció a mano derecha entre nosotros. Se tomó el tiempo necesario para saludar a cada individuo, felicitándonos por haber alcanzado la cúspide del monte. Luego dijo: «*Ahora debo compartir contigo lo que compartí con tus hermanos después de mi ascenso: el mensaje de mi Reino. El ejército más poderoso del enemigo ha sido puesto a pelear, pero no a ser destruido. Ahora es tiempo que marchemos hacia adelante con el evangelio de mi reino. Las águilas han sido liberadas e irán con nosotros. Llevaremos flechas de cada nivel, pero Yo Soy tu espada y tu capitán. Ahora es el tiempo para que la espada del Señor sea desenvainada.*»

Luego me volteé y vi que el ejército del Señor estaba de pie en ese jardín. Había tanto hombres como mujeres y niños de todas las razas y naciones, cargando cada uno su bandera la cual se movía por el viento con unidad perfecta. Sabía que nada como esto había sido visto sobre la tierra antes. Sabía que el enemigo tenía mucho más ejército y fortalezas a lo largo de la tierra, pero nada podía permanecer delante de este gran ejército. Dije susurrando: «Este debe ser el día del Señor.» La hueste entera respondió como un trueno sorprendente: «El día del Señor de las huestes ha llegado.»

Resumen

Meses más tarde estaba sentado, meditando acerca de este sueño. De modo alarmante, ciertos eventos y condiciones en la Iglesia parecían ser un paralelo de lo que había visto cuando las huestes del infierno habían comenzado a marchar. Recordé a Abraham Lincoln. La única forma en que él pudo llegar a ser «el Emancipador» y preservar la Unión, fue estando dispuesto a luchar una Guerra Civil. No solo tuvo que lucharla, sino pelear con la determinación de no rendirse hasta que la victoria fuera completa. También debió tener la gracia para luchar la guerra más sangrienta de la historia norteamericana sin «demonizar» al enemigo con propaganda. Si hubiese hecho esto, podría haber estado en condición de resolver lo del norte más velozmente, y ganar así una victoria militar más rápida, pero de esa forma hubiera hecho más difícil la unificación de postguerra. Debido a que él estaba realmente luchando para preservar la Unión, nunca hizo de los hombres y mujeres del sur sus enemigos, sino al mal que los tenía esclavizados.

Una gran guerra civil espiritual ahora se asoma ante la Iglesia. Muchos harán todo lo que esté a su alcance para evitarlo. Esto es comprensible e incluso noble. Sin embargo, las concesiones mutuas nunca harán mantener una paz duradera. Esto solo hará que el conflicto final sea mucho más difícil cuando llegue, y este llegará.

El señor esta ahora preparando un liderazgo que estará dispuesto a luchar una guerra civil espiritual para liberar a los hombres. El punto principal será la esclavitud *versus* la libertad. El secundario, el cual será el primario para algunos, será el dinero. De igual manera como en la guerra civil norteamericana en ciertos momentos parecía como si se fuera a destruir la nación entera, lo que se avecina a la Iglesia en algunos momentos parecerá como el fin de ella. Sin embargo, de igual forma como la nación americana no solo sobrevivió sino que continuó adelante hasta llegar a ser la nación más poderosa sobre la tierra, lo mismo sucederá con la Iglesia. No será destruida, sino que lo serán las instituciones y doctrinas que han mantenido a los hombres bajo la esclavitud espiritual.

Aun después de esto, la justicia perfecta en la Iglesia no se logrará de la noche a la mañana. Existirán las luchas por los derechos de las mujeres y otros temas para liberar a la Iglesia de otras formas de racismo y explotación. Estas todas son causas que deben ser confrontadas. Sin embargo, en medio de la próxima guerra civil espiritual, la Fe, la Esperanza, el Amor y el Reino de Dios sobre el cual están fundamentados, comenzarán a ser vistos como nunca jamás lo han sido. Esto comenzará a atraer a todos los hombres hacia el Reino. El reinado de Dios está próximo a ser demostrado como uno mayor que cualquier gobierno humano.

Y recordemos siempre que, con el Señor, «mil años es como un día». Él puede hacer en nosotros en un día lo que pensamos que tomaría mil años. La obra de liberación y la exaltación de la Iglesia será una obra realizada más rápidamente de lo que pensamos es humanamente posible. Sin embargo, no estamos hablando de posibilidades humanas.

PARTE II

El monte santo

Estábamos de pie en el Jardín de Dios, bajo el Árbol de Vida. Parecía que el ejército entero estaba allí, muchos de ellos arrodillados delante del Señor Jesús. Acababa de darnos la orden de regresar a la batalla a favor de nuestros hermanos quienes permanecían atados, y a favor del mundo que Él amaba. Era una orden tan maravillosa como terrible. Era maravillosa porque venía de Él. Era terrible porque implicaba que teníamos que alejarnos de su presencia manifiesta y del jardín, que era más bello que cualquier otro lugar que jamás hubiéramos visto. Alejarnos de todo esto para entrar en el campo de la batalla nuevamente parecía incomprensible.

El señor continuo su exhortación: *«Les he dado dones espirituales y poder, y una comprensión creciente en torno a mi Palabra y mi reino, pero la herramienta más poderosa que han recibido es el amor del Padre. Mientras que caminen en el amor de mi Padre nunca fracasarán. El fruto de este árbol es el amor del Padre que ha sido manifestado a través mío. Este amor que está en mí debe ser su pan diario.»*

En esta escena de tanta belleza y gloria no parecía que el Señor se estuviese apareciendo en su gloria. De hecho, su apariencia era bastante común. Aun así, la gracia con la cual se desplazaba y hablaba hacía de Él la persona más atractiva que hubiese visto jamás. Se encontraba más allá de la definición humana de dignidad y nobleza. Era fácil comprender por qué Él era todo lo que el Padre ama y estima. Él realmente está lleno de gracia y de verdad, hasta el punto que parecía que nada más que gracia y verdad debían importar jamás.

Mientras comía el fruto del Árbol de la Vida, el pensamiento de toda cosa buena que había conocido llenaba mi alma. Cuando Jesús hablaba era lo mismo, solo que magnificado. Lo único que quería hacer era quedarme solamente en este lugar y escucharlo. Recordaba que antes había pensado que debía ser aburrido para los ángeles el no hacer otra cosa que adorarlo continuamente delante del trono. Ahora sabía que no había nada más maravilloso o que llenara tanto de gozo en cuanto a lo que pudiésemos hacer que simplemente adorarlo. Para esto fuimos creados, y ciertamente sería lo mejor de estar en el cielo. No podía imaginarme cuán maravilloso sería si todos los coros celestiales se añadieran. Era difícil creer que hubiera luchado tanto con la idea del aburrimiento durante los servicios de adoración. Sabía que esto solo se debía a que había estado casi completamente fuera de contacto con la realidad durante aquellos tiempos.

Estaba prácticamente sobrecogido con el deseo de regresar y reponer aquellos tiempos durante los servicios de adoración, cuando le permití a mi mente deambular o me ocupé a mí mismo con otras cosas. El deseo de expresar mi adoración a Él llegó a hacerse casi insaciable. ¡Tenía que alabarlo! A medida que habría mi boca estaba asombrado por la alabanza espontánea que irrumpía del ejército entero al mismo tiempo. Casi se me había olvidado que había más gente allí, no obstante todos estábamos en perfecta unidad. La gloriosa alabanza que siguió no podía ser expresada en idioma humano.

A medida que alabábamos, un resplandor dorado comenzó a emanar del Señor. Luego había un brillo plateado alrededor del dorado. Después hubo colores de una riqueza que jamás había visto con mis ojos naturales, lo cual nos envolvió a todos. Con esta gloria entré en una esfera de emoción que nunca antes había experimentado. De alguna forma comprendí que esta gloria había estado allí todo el tiempo, pero cuando nos enfocamos en Él de esa manera en adoración, comenzamos a ver más de su gloria. Mientras más intensamente adorábamos, más gloria podíamos contemplar. Si este era el Cielo, puedo decir que era mucho, mucho mejor de lo que había soñado.

Su morada

No tengo ni idea de por cuánto tiempo continuó esta adoración. Pudieron haber sido minutos, o tal vez meses. No había ninguna forma de medir el tiempo en aquel tipo de gloria. Cerré mis ojos porque la gloria que estaba viendo con mi corazón era igual de maravillosa como la que estaba viendo con mis ojos físicos. Cuando abrí mis ojos estaba sorprendido de ver que el Señor no estaba allí, sino un grupo de ángeles se hallaba parado donde Él había estado. Uno de ellos se acercó a mí y dijo: «Cierra tus ojos nuevamente.» Cuando lo hice, contemplé la gloria del Señor. Esto no fue un pequeño descanso. Sabía que no podría vivir sin aquella gloria que ya había experimentado.

Luego el ángel entonces explicó: «Lo que ves con los ojos de tu corazón es más real que lo que ves con tus ojos físicos.» Me había hecho esta afirmación muchas veces, ¡pero cuán poco había caminado en ella! El ángel continuó: «Fue por este motivo que el Señor le dijo a sus primeros discípulos que era mejor que Él se fuera, de manera que el Espíritu Santo viniera. El Señor mora dentro de ti. Tú has enseñado esto muchas veces, pero ahora lo debes vivir, pues has comido del Árbol de la Vida.»

El ángel comenzó nuevamente a conducirme a la puerta de entrada. Protesté diciendo que no quería irme. Mirándome sorprendido, el ángel me tomó por los hombros y me miró a los ojos. Aquí fue cuando lo reconocí; era Sabiduría. *«Nunca tienes que irte de este jardín. Este jardín está en tu corazón porque el Creador mismo está dentro de ti. Tú has deseado la mejor parte, la de adorarlo y sentarte en su presencia para siempre, y esta nunca se te quitará. Pero debes llevarla de aquí a donde más se necesita.»*

Sabía que él tenía razón. Miré más allá de donde él estaba, hacia el Árbol de la Vida. Tenía una compulsión de tomar todo el fruto que pudiera antes de irme. Conociendo mis pensamientos, Sabiduría suavemente me sacudió. *«No. Aún este fruto, recogido en temor, se dañaría. Este fruto y este árbol están dentro de ti porque Él esta en ti. Debes creer.»*

Cerré mis ojos y procuré ver al Señor nuevamente, pero no podía. Cuando abrí mis ojos, Sabiduría aún me estaba mirando. Con gran paciencia continuó: *«Has probado de la esfera celestial y nadie quiere regresar a la batalla cuando esto ha sucedido. Nadie quiere irse de la presencia manifiesta del Señor. Cuando el apóstol Pablo vino aquí él luchó por el resto de su vida con respecto a si debía quedarse y trabajar en favor de la Iglesia, o regresar aquí para entrar en su herencia. Su herencia fue magnificada mientras más permaneció y sirvió en la tierra. Ahora que tienes el corazón de un verdadero adorador querrás siempre estar aquí, pero podrás hacerlo cuando entres en la verdadera adoración. Mientras más enfocado estés en Él, más gloria verás, sin importar donde te encuentres.»*

Las palabras de Sabiduría finalmente me habían calmado. Nuevamente cerré mis ojos solo para agradecer al Señor por esta experiencia maravillosa, y por la vida que Él me había dado. A medida que hice esto, comencé a ver su gloria nuevamente y toda la emoción de la experiencia de adoración previa inundó mi alma. Las palabras del Señor para mí eran tan fuertes y tan claras que estaba seguro que habían sido audibles. *«Nunca te dejaré ni abandonaré.»*

«Señor perdona mi incredulidad», le respondí. «Ayúdame a nunca irme ni abandonarte.» Este fue tanto un tiempo maravilloso como de prueba. Aquí el «mundo real» no era tal, y la esfera espiritual era mucho más real de lo que me podía imaginar regresando a la otra. Estaba atrapado tanto con la maravilla como con un terrible temor de que me despertase en cualquier momento, para hallar que todo había sido simplemente un sueño.

Sabiduría comprendió lo que estaba sucediendo dentro de mí. *«Estás soñando»*, dijo, *«pero este sueño es más real de lo que piensas que es real. El Padre le ha dado sueños a los hombres para ayudarlos a ver la puerta del lugar de su morada. Él tan sólo morará en los corazones de los hombres, y los sueños pueden ser una puerta a tu corazón, que te conducirá a Él. Este es el motivo por el cual sus ángeles tan frecuentemente se aparecen a los hombres en sus sueños. En ellos pueden traspasar la mente caída del hombre e ir directamente a su corazón.»*

A medida que abría mis ojos, Sabiduría aun me tenía de los hombros. *«Yo soy el don primario que te ha sido dado para tu trabajo»*, dijo él. *«Yo te mostraré el camino y te mantendré en él, pero solo el amor te mantendrá fiel. El temor del Señor es el principio de la sabiduría, pero la sabiduría mayor es amarlo a Él.»*

Luego Sabiduría me soltó y comenzó a caminar hacia la puerta de entrada. Lo seguí vacilante. Recordaba el gozo de la batalla y la escalada de la montaña, y eso era irresistible, pero no había punto de comparación con la presencia del Señor y la adoración que acababa de experimentar. Dejar esto sería el sacrificio más grande que jamás hubiese hecho. Luego recordé que todo esto estaba dentro de mí, y estaba sorprendido que pudiese olvidarlo tan rápidamente. Era como si hubiese una gran batalla librándose en mi interior, entre lo que veía con mis ojos físicos y lo que veía con mi corazón.

Me moví hacia adelante, de manera que pudiera estar caminando hombro a hombro con Sabiduría, y pregunté: «He orado durante veinticinco años de manera que fuese llevado al tercer cielo como el apóstol Pablo. ¿Es éste el tercer cielo?» *«Esto es parte de él»*, respondió, *«pero hay mucho más»*. «¿Se me permitirá ver más?», pregunté. *«Verás mucho más. Te estoy llevando ahora a ver más»*, respondió.

Comencé a pensar acerca del libro de Apocalipsis. «¿Fue la revelación de Juan parte del tercer cielo?», pregunté.

«Parte de la revelación de Juan era acerca del tercer cielo, pero la mayor parte fue del segundo. El primer cielo fue antes de la caída del hombre. El segundo es la esfera espiritual durante el reinado del mal sobre la tierra. El tercer cielo es cuando el amor y el dominio del Padre nuevamente prevalezcan sobre la tierra a través del Rey.»

«¿Cómo era el primer cielo?», inquirí, sintiendo un extraño escalofrío mientras indagaba. *«Es sabio no estar preocupado con eso ahora»*, respondió Sabiduría con seriedad, ya que mi pregunta parecía haberlo sacudido. *«Es sabio buscar conocer el tercer cielo justo como lo has hecho. Hay mucho más para conocer acerca del tercer cielo de lo que puedes saber en esta vida, y el tercer cielo es el reino que debes predicar en esta vida. En las edades por venir se te contará acerca del primero, pero no es provechoso que lo conozcas ahora.»*

Resolví recordar el escalofrío que acababa de sentir y Sabiduría asintió, lo cual entendí que era una afirmación acerca de este pensamiento. «¡Qué gran compañero eres!», tuve que decirle, a medida que me di cuenta del don valioso que era este ángel. «Tú realmente me mantendrás sobre el camino correcto.» *«De hecho, lo haré»*, respondió.

Estaba seguro que sentía amor de este ángel, que era único, ya que nunca había sentido esto de parte de otros ángeles. Generalmente mostraban su preocupación más por obligación que por amor. Sabiduría respondió a mis pensamientos como si los hubiese dicho en voz audible. *«Es sabio amar y no podría ser Sabiduría si no te amara. También es sabio contemplar la bondad de Dios y lo severo que Él es. Es sabio amarlo y temerle. Estarías engañado si hicieras algo distinto. Esta es la próxima lección que debes aprender»*, dijo él con inconfundible seriedad.

«Conozco esto y lo he enseñado muchas veces», respondí, sintiendo por primera vez que tal vez Sabiduría no me conocía plenamente. *«He sido tu compañero por mucho tiempo, y conozco tus enseñanzas»*, respondió sabiduría. *«Ahora estás a punto de aprender lo que algunas de tus propias enseñanzas significan. Como has dicho muchas veces: "No es el creer algo en la mente, sino en el corazón lo que produce justicia."»*

Me disculpé, sintiéndome un poco avergonzado al haber cuestionado a Sabiduría. Con gracia aceptó mis disculpas. Fue entonces que me di cuenta que lo había estado cuestionando y desafiando durante la mayor parte de mi vida, y con frecuencia para mi propio daño.

La otra mitad del amor

«Hay momentos para adorar al Señor», continuó Sabiduría, *«y hay momentos para honrarlo con el más grande temor y respeto, así como hay tiempo para sembrar y tiempo para cosechar. Es sabio conocer el tiempo para cada uno. La verdadera sabiduría conoce los tiempos y las estaciones de Dios. Te traje aquí porque era tiempo de adorar al Señor en la gloria de su amor. Esto es lo que necesitabas*

más que todo después de tal batalla. Ahora te estaré llevando a otro lugar porque es tiempo que lo adores a Él en el temor de su juicio. Hasta que conozcas ambos, existe el peligro de que podamos ser separados el uno del otro.»

«¿Quieres decir que si me quedaba en aquella adoración gloriosa te hubiera perdido?», pregunté con incredulidad. *«Sí. Siempre te hubiera visitado cuando pudiese, pero rara vez hubiésemos cruzado el camino. Es difícil dejar tal gloria y paz, pero esta no es toda la revelación acerca del Rey. Él es tanto León como Cordero. Para los hijos espirituales es el Cordero; para aquellos que están madurando Él es el León. Para los que son plenamente maduros, Él es ambos, el León y el Cordero. Nuevamente, sé que comprendes esto, pero lo has sabido en tu mente. Pronto lo conocerás en tu corazón, ya que estás próximo a experimentar la silla del juicio de Cristo.»*

El retorno a la batalla

Antes de abandonar las puertas de entrada al jardín, le pregunté a Sabiduría si podía simplemente sentarme allí por un tiempo para pensar en todo lo que había experimentado. *«Sí, puedes hacerlo»*, respondió, *«pero tengo un lugar mejor donde lo puedes hacer.»*

Seguí a Sabiduría pasando por las puertas principales y comenzamos a descender de la montaña. Para mi sorpresa la batalla aún continuaba, pero no tan intensamente como lo había estado cuando ascendíamos. Todavía había flechas de Acusación y Calumnia volando en los niveles más bajos, pero la mayor parte de la hueste del enemigo que había quedado estaba atacando furiosamente a las águilas blancas. Las águilas estaban prevaleciendo fácilmente.

Continuamos descendiendo hasta que estábamos casi en la base. Justo encima de los niveles de «Salvación» y «Santificación» estaba el nivel de «Agradecimiento y Alabanza». Recordé este nivel muy bien porque uno de los ataques más grandes del enemigo vino cuando intenté alcanzarlo primero. Una vez que llegamos allí, el resto del ascenso fue mucho más fácil y cuando una flecha penetraba en nuestra armadura, la sanidad venía más rápido.

Tan pronto como mis enemigos me vieron en este nivel (no podían ver a Sabiduría), una lluvia de flechas comenzó a llegar hacia abajo, sobre mí. Las detuve con mi escudo tan fácilmente que dejaron de disparar. Ahora, sus flechas casi se acababan y no podían darse el lujo de desperdiciarlas.

Los soldados que luchaban aún desde este nivel me miraron asombrados y con consideración, lo cual me hizo sentir incómodo. Fue entonces que me di cuenta por primera vez que la gloria del Señor estaba emanando de mi armadura y de mi escudo. Les dije que escalaran a la parte superior de la montaña sin detenerse, y que ellos también verían al Señor. Tan pronto como estuvieron de acuerdo para ir vieron a Sabiduría. Comenzaron a arrodillarse para adorarlo, pero él los detuvo y los envió a seguir su camino.

Los fieles

Estaba lleno de amor por estos soldados, muchos de los cuales eran mujeres y niños. Su armadura estaba desordenada, sucia y estaban cubiertos de sangre; sin embargo, no se habían dado por vencidos. De hecho, aún estaban alegres y motivados. Les dije que ellos merecían más gloria que yo porque habían llevado la mayor carga de la batalla y mantenido su terreno. Parecían no creerme, pero apreciaban que yo lo dijera. Sin embargo, yo sentía que esto era realmente la verdad.

Cada nivel de la montaña tenía que estar ocupado, de lo contrario, los buitres que rondaban vendrían y lo profanarían con vómito y excremento, haciendo difícil el pararse ahí. La mayoría de los peñascos estaban ocupados por soldados a los que podía reconocer como de diferentes denominaciones o movimientos que enfatizaban la verdad del nivel que estaban defendiendo. Estaba avergonzado por mi actitud, la cual había mantenido en el pasado para con algunos de estos grupos. Los había considerado desconectados de Dios y, en el mejor de los casos, mundanos, pero allí estaban luchando fielmente contra el ataque que venía por parte del enemigo. Su defensa de estas posiciones probablemente me había permitido continuar escalando como lo había hecho.

Algunos de estos niveles estaban situados de manera que había una vista amplia de la montaña y del campo de batalla, pero otros estaban tan aislados que los soldados sobre ellos podían tan solo ver su nueva posición. Estos parecían no estar conscientes del resto de la batalla que se estaba librando, ni del resto del ejército que estaba luchando. Estaban tan heridos a causa de las calumnias y las acusaciones que podían resistir a cualquiera que descendiese a ellos desde un nivel más alto para motivarlos a escalar más. Sin embargo, cuando alguien comenzaba a descender desde arriba reflejando la gloria del Señor, ellos escuchaban; la mayoría con gran gozo, y pronto comenzaban a escalar con valor y decisión. Mientras contemplaba todo esto, Sabiduría no dijo mucho, pero parecía estar muy interesado en mis reacciones.

Descubriendo la realidad

Entonces observé que muchos soldados que habían estado en la cúspide comenzaron a descender a todos los niveles para relevar a quienes habían estado tomando sus posiciones sobre esas verdades. A medida que lo hacían, cada nivel comenzó a brillar con la gloria que llevaban. Pronto la montaña entera había comenzado a brillar con una gloria que era enceguecedora para los demonios y buitres que quedaban. Con el tiempo había tanta gloria en la montaña que comenzó a tener el mismo sentir que en el jardín.

Comencé a agradecer y alabar al Señor, e inmediatamente estaba en su presencia otra vez. Era difícil contener las emociones y la gloria que sentía cuando hacia esto. La experiencia llegó a ser tan intensa que me detuve. Sabiduría estaba parado a mi lado. Colocando su mano sobre mi hombro dijo: *«Entra por sus puertas con gratitud, por sus atrios con alabanza.»*

«¡Pero eso era tan real...¡ Sentí como si nuevamente estuviese allí», exclamé. *«Estuviste allí»*, respondió Sabiduría. *«No es que aquella sea más real, sino que tú lo eres. De igual manera como el Señor se lo dijo al ladrón en la cruz "hoy estarás conmigo en el paraíso", tú puedes entrar en el paraíso en cualquier momento. El Señor, su paraíso y su monte, todos habitan dentro de ti, porque Él está en ti. Lo que antes eran solo pruebas, ahora son una realidad para ti porque has escalado la montaña. La razón por la cual puedes verme y otros no, no es porque yo haya entrado a tu esfera, sino porque tú has entrado a la mía. Esta es la realidad que los profetas conocían, la cual les dio gran valentía aun cuando estaban de pie, solos, contra ejércitos. Veían las huestes celestiales que los respaldaban, no tan solo las terrenales formadas en filas en contra de ellos.»*

La trampa mortal

Luego miré por encima de la matanza que se encontraba abajo y sobre el ejército demoníaco que se retiraba lentamente. Detrás de mí, más de los guerreros gloriosos continuaban tomando constantemente sus lugares sobre el monte. Sabía que ahora éramos lo suficientemente fuertes como para atacar y destruir lo que había quedado de esta hueste del enemigo. *«Todavía no»*, dijo Sabiduría. *«Mira allá.»* Miré en la dirección en la cual estaba apuntando, pero para poder ver cualquier cosa tenía que proteger mis ojos de la gloria que emanaba de mi propia armadura. Luego logré captar de un vistazo un movimiento en un valle pequeño.

No lograba ver qué era lo que estaba mirando, debido a la gloria resplandeciente de la armadura, la que me dificultaba ver en la oscuridad. Le pregunté a Sabiduría si había algo con lo cual pudiera cubrir mi armadura de manera que pudiera ver. Él entonces me entregó un manto para colocármelo. «¿Qué es esto?», pregunté un tanto molesto por su mal aspecto. *«Humildad»*, dijo Sabiduría. *«No podrás ver bien sin él.»* Con disgusto me lo puse e inmediatamente vi muchas cosas que no podía ver antes. Así miré hacia el valle y el movimiento que había visto. Para mi asombro, había una división entera de la hueste del enemigo que esperaba al que se aventurara a bajar del monte.

«¿Qué ejército es este?», pregunté. «¿Y cómo se escaparon de la batalla intactos?» *«Eso es Orgullo»*, explicó Sabiduría. *«Es el enemigo más difícil de ver después de haber estado en la gloria. Aquellos que se rehusan a colocarse este manto sufrirán mucho en manos de este tortuoso enemigo.»*

Mientras miraba hacia atrás a la montaña vi muchos de los gloriosos guerreros cruzando la planicie para atacar al remanente de la hueste del enemigo. Ninguno de ellos llevaba puesto el manto de humildad y no habían visto al enemigo que estaba listo para atacarlos desde la retaguardia. Comencé a correr para detenerlos, pero Sabiduría me detuvo. *«No puedes detener esto»*, dijo él. *«Solo los soldados que llevan puesto este manto reconocerán tu autoridad. Ven conmigo; hay algo más que debes ver antes de que puedas ayudar a liderar en esta gran batalla que ha de venir.»*

El fundamento de la gloria

Sabiduría me condujo por la ladera de la montaña al nivel más bajo, el cual se llamaba «Salvación». *«Crees que este es el nivel más bajo»*, declaró Sabiduría, *«pero este es el fundamento de todo el monte. En cualquier viaje, el primer paso es el más importante, y por lo general el más difícil. Sin "Salvación" el monte no existiría.»*

Estaba espantado por la terrible devastación en este nivel. Cada soldado se encontraba gravemente herido, pero ninguno de ellos estaba muerto. Las multitudes estaban casi cayéndose de la orilla. Muchos parecían listos a caer, pero esto no sucedía. Los ángeles estaban por todos lados, ministrando a los soldados con tanto gozo que tuve que preguntar: «¿Por qué están tan contentos?» «Estos ángeles han contemplado el valor que los llevó a éstos a sostenerse. No han podido continuar más allá, pero tampoco se han dado por vencidos. Pronto serán sanados y entonces contemplarán la gloria del resto del monte, y comenzarán a escalar. Estos serán los grandes guerreros para la batalla que vendrá.» «Pero, ¿no les habría ido mejor escalando el monte con el resto de nosotros?» Protesté, observando su condición presente. «Hubiese sido mejor para ellos, pero no para ti. Al haber permanecido aquí hicieron que fuese más fácil para ti escalar, manteniendo ocupados a la mayoría de tus enemigos. Muy pocos de los niveles más altos se han extendido para ayudar a otros a venir al monte, pero estos lo hicieron. A pesar de estar ellos mismos apenas agarrados del monte, se extendieron de esta forma para ayudar a otros en su camino hacia arriba. De hecho, la mayoría de los guerreros poderosos fueron conducidos al monte por estos fieles. Estos no son menos héroes que aquellos que llegaron a la cúspide. Han traído gran gozo al cielo al conducir a otros a la salvación. Por este motivo todos los ángeles en el cielo querían venir para ministrarles a ellos, pero solo se les permitió a los más honorables.»

Nuevamente sentí vergüenza por mi actitud previa para con estos grandes santos. Muchos de nosotros los habíamos menospreciado a medida que íbamos escalando los niveles más altos. Ellos habían cometido muchos errores durante la batalla, pero también habían mostrado más del corazón del Pastor que el resto de nosotros. El Señor dejaba a las noventa y nueve para ir tras aquella que estaba perdida. Estos habían permanecido en el lugar donde todavía podían alcanzar a los perdidos, y habían pagado un precio muy valioso por ello. Yo también quería ayudar, pero no sabía donde comenzar.

Sabiduría dijo: *«Está bien que quieras ayudar, pero lo harás mejor continuando hacia adelante, hacia lo cual has sido llamado. Todos estos serán sanados y escalarán el monte. Ahora podrán escalar más rápidamente porque tú y los otros, quienes fueron delante de ellos, destruyeron al enemigo y marcaron el camino. Ellos se unirán a ustedes nuevamente en la batalla. Estos son intrépidos; no se retirarán ante el enemigo.»*

El poder del orgullo

Estaba meditando en lo que estaba aprendiendo, tanto al descender del monte como cuando estaba escalando, cuando el estruendo del campo de batalla me llamó la atención. Ahora había miles de guerreros poderosos, quienes habían atravesado la planicie para atacar al remanente de la hueste del enemigo. El enemigo huía en todas las direcciones excepto una división: Orgullo. Sin ser detectada en lo absoluto, había marchado justo hasta la retaguardia de los guerreros que avanzaban, y estaba próxima a lanzar una lluvia de flechas. Fue entonces cuando me di cuenta de que los guerreros poderosos no tenían armadura en sus espaldas. Estaban totalmente expuestos y vulnerables ante lo que los iba a golpear. Sabiduría comentó: *«Tú has enseñado que no hay armadura para la parte trasera, lo cual significa que estabas vulnerable si huías del enemigo. Sin embargo, nunca habías visto cómo el avanzar en el orgullo también te hacía vulnerable.»*

Solamente podía asentir afirmando. Era muy tarde para hacer algo y era casi insoportable de observar, pero Sabiduría dijo que yo debía observar. Sabía que el Reino de Dios estaba próximo a sufrir una gran derrota. Había sentido tristeza con anterioridad, pero nunca esta clase de tristeza. Para mi sorpresa, cuando las flechas de Orgullo hirieron a los guerreros, éstos ni siquiera se dieron cuenta. Sin embargo, el enemigo continuó disparando. Los guerreros estaban sangrando y se debilitaban rápidamente, pero no se daban cuenta de ello. Al poco tiempo estaban débiles para sostener sus escudos y espadas; los bajaron, declarando que ya no los necesitaban. Comenzaron a quitarse la armadura, diciendo que tampoco era necesaria.

Luego otra división enemiga apareció y comenzó a moverse hacia el frente rápidamente. Se llamaba El Fuerte Engaño. Sus miembros lanzaban una lluvia de flechas y todas parecían dar en el blanco. Unos pocos demonios de engaño, todos pequeños y aparentemente débiles, desviaron al que había sido un ejército grande de guerreros gloriosos. Fueron llevados a diferentes campamentos de prisión, cada uno denominado tras una doctrina distinta de demonios. Yo estaba sorprendido de cómo esta gran compañía de los justos había sido derrotada tan fácilmente, y aún no sabían siquiera qué les había golpeado.

Dije de pronto: «¿Cómo puede ser que aquellos que eran tan fuertes, que han llegado hasta la cúspide de la montaña, quienes han visto al Señor como lo vieron, sean tan vulnerables?» Sabiduría se lamentó: *«El orgullo es el enemigo más difícil de ver, y siempre surge desprevenidamente por la espalda. En alguna forma, aquellos que han estado en alturas mayores también corren mayor peligro de caer. Siempre debes recordar que en esta vida puedes caer en cualquier momento, desde cualquier nivel.»* «"El que piensa estar firme, mire que no caiga"», respondí. «¡Qué sorprendente me parecía ahora esa Escritura!» *«Cuando crees ser el menos vulnerable a la caída, es, de hecho, cuando más lo eres. La mayoría de los hombres caen inmediatamente después de una gran victoria»*, lamentó Sabiduría.

«¿Cómo podemos dejar de ser tan atacados?», pregunté. *«Permanece cerca de mí, busca al Señor antes de tomar decisiones significativas, y mantén ese manto puesto. Entonces el enemigo no podrá enceguecerte fácilmente como lo hizo con ellos.»*

Miré mi manto; se veía simple e insignificante. Sentía que me hacía ver más como una persona que vive en las calles que como un guerrero. Sabiduría respondió como si yo hubiese estado hablando en voz audible. *«El Señor está más cerca de aquellos que viven en las calles que de los reyes. Sólo tienes verdadera fortaleza en la medida que caminas en la gracia de Dios, y "Él da su gracia a los humildes". Ningún arma malvada puede penetrar este manto, puesto que nada tiene mayor poder que su gracia. Mientras lleves puesto este manto, estás seguro en contra de este tipo de ataques.»*

Luego comencé a mirar hacia arriba para ver cuántos guerreros permanecían aún sobre el monte. Estaba sorprendido de ver cuán pocos había allí. Me di cuenta, sin embargo, que todos tenían puestos el mismo manto de humildad. «¿Cómo sucedió esto?», pregunté. *«Cuando vieron la batalla de la cual acabas de ser testigo, todos vinieron a mí solicitando ayuda, y yo les di sus mantos»*, respondió Sabiduría. «Pero.. ¡pensé que habías estado conmigo todo este tiempo!» *«Estoy con todos aquellos que caminan hacia adelante, para hacer la voluntad de mi Padre»*, respondió. «¡Tú eres el Señor!», exclamé. *«Sí. Te dije que nunca te abandonaría ni te desampararía. Estoy con todos mis guerreros como lo estoy contigo. Seré lo que necesites para que cumplas mi voluntad, y tú necesitaste sabiduría.»* Luego se desvaneció.

Categorías en el Reino

Me quedé parado en medio de una gran compañía de ángeles que ministraban a los heridos en los niveles de «Salvación». A medida que comencé a caminar delante de los ángeles, se inclinaron hacia mí sobre una rodilla y me mostraron gran respeto.

Finalmente le pregunté a uno de ellos por qué hacían esto, ya que aun el más pequeño de ellos era más poderoso que yo. «A causa del manto», respondió. «Este es el rango más alto en el Reino.» «Es un simple manto», protesté. «¡No!», replicó el ángel. «Estás vestido con la gracia de Dios. ¡No hay mayor poder que este!» «Pero hay miles de nosotros que usamos el mismo manto. ¿Cómo podría representar un rango?», pregunté. «Ustedes son los temibles campeones, los hijos e hijas del Rey. Él llevaba puesto el mismo manto cuando caminó sobre la tierra. Mientras que estén vestidos así, no hay poder sobre el cielo o la tierra que pueda permanecer delante de ustedes. Todo el mundo en el cielo y en el infierno reconoce ese manto. Ciertamente somos sus siervos, pero Él habita dentro de ustedes, y ustedes están vestidos con su gracia.»

De alguna manera supe que si no hubiera estado con el manto puesto, y si mi armadura gloriosa hubiese sido expuesta, la afirmación de los ángeles y su comportamiento para conmigo hubiesen alimentado mi orgullo. Simplemente era imposible sentirme orgulloso o arrogante mientras llevaba puesto aquel simple manto. No obstante, mi confianza en el manto crecía rápidamente.

PARTE III

El retorno de las águilas

En el horizonte veía una gran nube blanca que se aproximaba. En mí surgió la esperanza solo de mirarla. Pronto había llenado la atmósfera con esperanza, de igual forma como el sol al amanecer hace huir la oscuridad de la noche. A medida que se acercaba reconocí las grandes águilas blancas que habían volado del Árbol de la Vida. Comenzaron a aterrizar sobre el monte tomando sus lugares en cada nivel al lado de las compañías de guerreros.

Cuidadosamente me acerqué al águila que había aterrizado cerca de mí, puesto que su presencia era asombrosa. Cuando me miró con sus ojos penetrantes, sabía que no podía esconder nada de ella. Sus ojos eran tan impetuosos y resueltos que yo temblaba, mientras que los escalofríos subían y bajaban en mi cuerpo solo por mirarla. Antes que pudiese preguntarle algo, ella me respondió: «¿Quieres saber quiénes somos? Somos los profetas escondidos que han sido reservados para esta hora. Somos los ojos de aquellos que han recibido las poderosas armas divinas. Se nos ha revelado todo lo que el Señor va a hacer y todo lo que el enemigo ha planeado en contra de ustedes. Hemos explorado toda la tierra y juntos sabemos todo lo que se requiere conocer para la batalla.»

«¿No acabas de ver la batalla que tomó lugar recientemente?», inquirí con la irritación con que me atreví a expresarme. «¿No pudieron haber ayudado a aquellos guerreros que acaban de ser llevados cautivos?» «Sí; lo vimos todo, y hubiésemos ayudado si ellos hubieran querido nuestro apoyo. Podríamos haberlos ayudado reteniéndolos, diciéndoles que se sentaran y se quedaran quietos. Pero solo podemos luchar en las batallas que el Padre nos ordena, y solo podemos ayudar a quienes creen en nosotros. Solo aquellos que nos reciben como lo que somos, como profetas, pueden recibir el premio del profeta o el beneficio de nuestros servicios. Aquellos que fueron emboscados aún no tenían el manto que llevas puesto. Y los que no lo tienen no pueden comprender quienes somos. Todos nos necesitamos unos a otros, incluyendo estos que aún están heridos, así como muchos otros a quienes aún no conoces.»

El corazón del águila

Mientras hablaba con el águila comencé a pensar como él. Después de esta breve discusión podía ver el corazón del águila y conocerlo tal como él me conocía a mí. El águila reconoció esto. «Tú tienes algunos de nuestros dones», afirmó el águila, «aunque no se han desarrollado muy bien. No los has utilizado mucho. Estoy aquí para despertar estos dones en ti y en otros como tú, y te enseñaré cómo utilizarlos. De esta manera nuestra comunicación estará segura. Debo estar seguro o todos sufriremos muchas pérdidas innecesarias, sin mencionar la pérdida de grandes oportunidades de victoria.»

«¿De dónde vienes?», pregunté. «Comemos serpientes», respondió el águila. «El enemigo es pan para nosotros. Nuestro sustento viene de hacer la voluntad del Padre, la cual es destruir las obras del diablo. Cada serpiente que comemos nos ayuda a incrementar nuestra visión. Cada fortaleza del enemigo que derrumbamos nos fortalece, de manera que podemos volar más alto y permanecer en el aire por más tiempo. Acabamos de venir de una celebración, devorando las serpientes de Vergüenza, quienes han atado a muchos de tus hermanos y hermanas. Ellos pronto estarán aquí. Están con las águilas que dejamos atrás para ayudarlos a encontrar el camino y protegerlos del contra ataque del enemigo.»

Estas águilas estaban muy seguras de sí mismas, pero no eran orgullosas. Sabían quiénes eran y para qué se les había llamado. También nos conocían y sabían el futuro. Su confianza me daba seguridad, pero aun más a aquellos heridos que permanecían caídos a nuestro alrededor. Aquellos que habían estado recientemente muy débiles para hablar, estaban sentados escuchando mi conversación con el águila. La miraban como niños perdidos que buscan a sus padres y que los acaban de encontrar.

El viento del Espíritu

Cuando el águila miró a los heridos su rostro se transformó. En lugar de lo feroz y resuelto que se había visto previamente, para con los heridos era como un abuelo, delicado y lleno de compasión. El águila desplegó sus alas y comenzó a agitarlas suavemente, iniciando una brisa fresca que fluía por encima de los heridos. Era incomparable con ninguna otra brisa que hubiese sentido antes. Con cada respiro fui ganando fortaleza y claridad mental. Pronto los heridos estaban de pie, adorando a Dios con una sinceridad que trajo lágrimas a mis ojos.

Nuevamente sentía una profunda vergüenza por haber despreciado a aquellos que habían permanecido en este nivel. Parecían débiles y tontos para aquellos de nosotros que estábamos ascendiendo el monte, pero habían perdurado mucho más que nosotros, y permanecían fieles. Dios los había guardado, y ellos lo amaban a Él con un gran amor.

Miré hacia la parte superior del monte. Todas las águilas estaban batiendo suavemente sus alas. Todos en la montaña estaban siendo refrescados por la brisa que ellas generaban y comenzaron a adorar al Señor. Primero había cierto desacorde entre la adoración que venía de los distintos niveles, pero con el tiempo todas las personas en cada nivel estaban cantando en perfecta armonía.

Nunca sobre la tierra había escuchado algo tan bello; no quería que terminara jamás. Pronto me di cuenta que era la misma adoración que habíamos conocido en el jardín, pero ahora sonaba más rica y llena. Sabía que esto se debía a que estábamos adorando en la misma presencia de nuestros enemigos, en medio de la oscuridad y del mal que rodeaba al monte, lo cual lo hacía parecer mucho más bello.

No sé cuanto tiempo duró esta adoración, pero finalmente las águilas dejaron de batir sus alas y se detuvieron. «¿Por qué no siguieron?», pregunté al águila con la cual estaba hablando. «Porque ahora están sanos», respondió indicando que los heridos, quienes ahora estaban de pie, se encontraban ya en perfecta condición. «La verdadera adoración puede sanar cualquier herida», añadió. «Por favor hazlo de nuevo», le rogué. «Haremos esto muchas veces, pero no nos compete a nosotros decidir cuando. La brisa que has sentido era del Espíritu Santo. Él nos dirige a nosotros y no nosotros a Él. Él ha sanado a los heridos y ha comenzado a traer la unidad que se requiere para las batallas futuras. La verdadera adoración también derrama el precioso aceite sobre la Cabeza, Jesús, que luego fluye hacia abajo por todo su cuerpo, haciéndonos uno con Él y los unos con los otros. Nadie que entra en unión con Él permanecerá herido ni sucio. Su sangre es vida pura, y fluye cuando estamos unidos a Él. Cuando estamos en Él también estamos unidos al resto del cuerpo, de manera que su sangre fluye a través de todos. ¿No es así como se sana una herida del cuerpo, cerrando la herida de manera que la sangre pueda fluir hasta el miembro herido, trayendo regeneración? Cuando una parte de su cuerpo está herida, debemos unirnos con esa parte hasta que esté totalmente restaurada. Todos somos uno.»

En la euforia que permanecía después de la adoración, esta breve enseñanza parecía casi esotérica, sin embargo yo sabía que era básica. Cuando el Espíritu Santo se movía cada palabra parecía gloriosa, sin importar cuán elemental fuera. Estaba tan lleno de amor que quería abrazar a todos, incluyendo a las feroces y ancianas águilas.

Luego, como en un sacudón, recordé los poderosos guerreros que recientemente habían sido capturados. El águila presintió esto pero no dijo nada. Solo me miraba atentamente. Finalmente hablé: «¿Podemos recuperar a aquellos que se han perdido?»

El corazón del Rey

«Sí. Es correcto que sientas eso», dijo el águila. «No estamos completos y nuestra adoración tampoco, hasta que el cuerpo entero esté restaurado. Aun en la adoración más gloriosa, incluso en la misma presencia del Rey, todos sentiremos este vacío hasta que todos seamos uno, porque nuestro Rey también lo siente. Todos gemimos por nuestros hermanos en cautiverio, pero gemimos aun más por el corazón de nuestro Rey. Aunque tú amas a todos tus hijos, gemirías por aquel que esté enfermo o herido. Él también ama a todos sus hijos, pero los heridos y oprimidos tienen ahora la mayor parte de su atención. Por Él no debemos darnos por vencidos hasta que todos hayan sido recuperados. Mientras haya heridos, Él estará herido.»

Fe para mover montañas

Sentado al lado del águila, meditaba en sus palabras. Finalmente comenté: «Sé que es Sabiduría quien ahora me habla a través de usted, porque escucho su voz cuando hablas. Estaba muy seguro de mí mismo antes de aquella última batalla, pero casi fui llevado por la misma presuposición por la cual ellos fueron llevados, y muy fácilmente pude haber sido capturado con ellos si Sabiduría no me hubiese detenido. Estaba más motivado por el Odio para con el enemigo que por el deseo de liberar a mis hermanos. Desde el principio que llegué a esta montaña luchando en la gran batalla, he llegado a comprender que la mayoría de cosas adecuadas que hice fueron por motivos errados, y que muchas de las cosas erradas que hice tenían buenos motivos para ser hechas. Mientras más aprendo, más inseguro me siento de mí mismo.»

«Debes haber estado con Sabiduría durante mucho tiempo», respondió el águila. «Él estuvo durante mucho tiempo conmigo antes de que yo comenzara a percibirlo, pero me temo que la mayoría de ese tiempo lo estuve resistiendo. De alguna forma, ahora sé que todavía carezco de algo muy importante, algo que debo tener antes de entrar en la batalla nuevamente, pero aún no se qué es.»

Los grandes ojos del águila se tornaron aun más penetrantes mientras respondía: «También conoces la voz de Sabiduría cuando te habla en tu propio corazón. Estás aprendiendo bien porque tienes el manto. Lo que estás sintiendo ahora es la verdadera fe.»

«¿Fe?», contesté. «¡Estoy hablando de serias dudas!» «Eres sabio al dudar de ti mismo. Pero la verdadera fe depende de Dios, no de ti mismo ni de tu fe. Estás cerca de la clase de fe que puede mover montañas, y moverlas es lo que debemos hacer. Es hora de llevarla a lugares donde no ha viajado antes. Sin embargo, tienes razón. Aún careces de algo muy importante. Todavía debes tener una revelación. Aunque has escalado a la cúspide de la montaña y has recibido de cada una de las verdades a lo largo del camino, y aunque has estado de pie en el jardín de Dios, probado de su amor incondicional y has visto a su Hijo muchas veces, todavía entiendes tan solo parte del consejo entero de Dios, y de una manera superficial.»

Sabía que esto era muy cierto y me confortaba el escucharlo. «He juzgado a muchas personas y situaciones erradamente. Sabiduría me ha salvado la vida muchas veces, pero la voz de Sabiduría es aún muy pequeña dentro de mí, y el clamor de mis propios pensamientos y sentimientos son demasiados fuertes. Escucho a Sabiduría hablándome a través de ti, mucho más fuerte de lo que lo escucho en mi propio corazón, de manera que debo permanecer muy cerca a ti.»

«Estamos aquí porque nos necesitas», respondió el águila. «También estamos aquí porque nosotros te necesitamos. Has recibido dones que no tengo, y yo he recibido dones que no tienes. Has experimentado cosas que no he experimentado y he vivido cosas que no has vivido. Las águilas te han sido dadas hasta el fin y tú nos has sido dado a nosotros. Estaré muy cerca de ti durante un tiempo. Luego debes recibir a las otras águilas en mi lugar. Cada águila es distinta. Es juntos, no individualmente, como se nos ha permitido conocer los secretos del Señor.»

Las puertas de la verdad

El águila se levantó de la piedra sobre la cual había estado posada y se remontó sobre la orilla del peñasco del nivel en el cual estábamos parados. «Ven», dijo él. A medida que me acerqué vi pasos que conducían hacia abajo, a la misma base de la montaña y una puerta pequeña.

«¿Por qué no he visto esto antes?», pregunté. «Cuando recién llegaste a la montaña, no te quedaste en este nivel suficiente tiempo como para ver a tu alrededor», respondió. «¿Cómo supiste eso? ¿Estabas aquí cuando llegué a la montaña?» «Hubiera sabido esto aunque no hubiese esto allí, porque todos aquellos que pasan de largo esta puerta lo hacen por la misma razón; no obstante, yo estaba aquí», respondió. «Era uno de los soldados que rápidamente pasaste en tu camino hacia la parte superior de la montaña.»

Fue entonces que me di cuenta que el águila era un hombre que había conocido poco después de mi conversión, y con quien había tenido algunas pocas conversaciones. Continuó: «Entonces quería seguirte. Había estado en este nivel por tanto tiempo que necesitaba un cambio. Simplemente no podía dejar a todas esas almas perdidas a las cuales estaba procurando conducir hasta acá. Cuando finalmente me comprometí a mí mismo para hacer la voluntad del Señor, fuese de quedarme o seguir, Sabiduría apareció y me mostró esta puerta. Dijo que este era un camino más corto hacia arriba. Esta es la forma como llegué arriba antes que tú. Allí fui transformado en águila.»

Recordé entonces que había visto puertas como esta en niveles. Incluso había mirado rápidamente en una de ellas y recuerdo cuán asombrado había estado por lo que vi. No llegué muy lejos porque estaba demasiado enfocado en la batalla, tratando de llegar a la cúspide de la montaña. «¿Pude haber entrado por cualquiera de aquellas puertas y haber llegado hasta la cúspide?», pregunté. «No es así de fácil», respondió el águila, quien parecía un poco irritada. «En cada puerta hay pasadizos, uno de los cuales conduce a la cúspide.» Anticipando mi próxima pregunta, continuó, «los otros conducen a otros niveles sobre la montaña. El Padre diseñó cada pasillo para que todos pudieran escoger el nivel de madurez que le ha sido dado.»

«¡Increíble! ¿Cómo logró eso?», pensé dentro de mí, pero el águila escuchó mis pensamientos. «Fue muy simple», continuó el águila como si yo hubiese dicho mis pensamientos en voz audible. «La madurez espiritual siempre se determina por nuestra disposición de sacrificar nuestros propios deseos por los intereses del Reino o el bienestar de otros. La puerta que requiere el mayor sacrificio para entrar siempre nos llevará al nivel mayor.»

Estaba tratando de recordar todo lo que el águila me estaba diciendo. Sabía que debía entrar por la puerta que estaba delante de mí y que sería sabio aprender todo lo que pudiera de alguien que me había precedido, y que, obviamente, había optado por la puerta correcta que conducía arriba.

«No fui directamente hacia arriba y no he conocido a nadie que lo haya logrado así», continuó diciendo el águila. «Pero fui allí mucho más rápido que la mayoría porque había aprendido mucho acerca del sacrificio propio, mientras peleaba aquí en el nivel de Salvación. Te he mostrado esta puerta porque tú llevas puesto el manto, y la hubieses encontrado de todos modos, pero el tiempo es corto y estoy aquí para ayudarte a madurar rápidamente.»

«Hay puertas en cada nivel, y cada una conduce a tesoros que están más allá de nuestra comprensión», continuó. «No se pueden adquirir físicamente, pero cada tesoro que mantengas en tus manos podrás llevarlo en tu corazón. Tu corazón debe ser la casa de los tesoros de Dios. Cuando llegues a la cúspide nuevamente, tu corazón contendrá tesoros más valiosos que todos los de la tierra. Nunca se te quitarán, sino que son tuyos por la eternidad. Vé rápidamente. Las nubes de tormenta se están reuniendo y se avecina otra gran batalla.»

«¡Ven conmigo!», supliqué. «No», respondió. «Es aquí donde pertenezco ahora; debo ayudar a estos que estaban heridos. Pero te veré nuevamente aquí. Conocerás a muchos de mis hermanos y hermanas águilas antes de que regreses, y ellos podrán ayudarte mejor que yo en el lugar donde los encuentres.»

Los tesoros del Cielo

Amaba tanto a esta águila que casi no podía soportar dejarla. Estaba contento de saber que podría verla nuevamente. Ahora la puerta me atraía como un imán. La abrí, y entré.

La gloria que contemplaba abrumaba de tal manera que inmediatamente caí de rodillas. El oro, la plata y las piedras preciosas eran mucho más bellas de lo que puede ser descrito. De hecho, eran los rivales de la gloria del Árbol de la Vida. La habitación era tan grande que parecía no tener fin. El piso era plateado, los pilares de oro, el techo era un solo diamante puro que reflejaba cada color que hubiese conocido, así como muchos que no había visto antes. Una cantidad innumerable de ángeles estaban alrededor, todos vestidos con distintas togas y uniformes de origen no terrenal.

Mientras comencé a caminar a lo largo del cuarto, los ángeles se inclinaban en saludo formal. Uno tomó un paso hacia adelante y me dio la bienvenida, llamándome por mi nombre. Explicó que yo podía ir a cualquier lugar y ver cualquier cosa que quisiera en el salón. Nada sería restringido para aquellos que atravesaran la puerta.

Estaba tan sobrecogido por la belleza que no podía ni hablar. Finalmente comenté que esto era aun más bello que lo que había sido el jardín. Sorprendido, el ángel respondió, «¡Este es el jardín! Esta es una de las habitaciones en la casa de tu Padre. Nosotros somos tus siervos.»

Mientras caminaba, una gran compañía de ángeles me seguía. Volteé y pregunté al líder por qué me seguían. «A causa del manto», dijo él. «Hemos sido asignados a ti, para servirte aquí y en la batalla por venir.»

No sabía qué hacer con los ángeles así es que continué caminando. Me sentía atraído a una gran piedra azul que parecía tener el sol y las nubes dentro de ella. Cuando la toqué, los mismos sentimientos me inundaron como cuando había comido el fruto del Árbol de la Vida. Sentí energía, una claridad mental no terrenal, y un amor que se magnificaba en todos y por todo. Comencé a contemplar la gloria del Señor. Mientras más tocaba la piedra, más se incrementaba la gloria. No quería quitar mi mano de la piedra pero la gloria llegó a ser tan intensa que finalmente tuve que hacerlo.

Luego mis ojos captaron una bella piedra verde. «¿Qué tiene esa adentro?», pregunté al ángel que estaba parado cerca de mí. «Todas estas piedras son los tesoros de Salvación. Ahora estás tocando la esfera celestial y aquella es la restauración de la vida», continuó.

Mientras tocaba la piedra verde comencé a ver la tierra con colores de una riqueza espectacular. Crecían en riqueza mientras más sostenía mi mano sobre la piedra, y mi amor por todo lo que veía también crecía. Comencé a ver armonía entre todas las cosas vivientes en un grado que nunca antes había visto. Luego comencé a ver la gloria del Señor en la Creación. Comencé a crecer hasta que nuevamente tuve que alejarme a causa de la intensidad.

Me di cuenta que no tenía idea de cuánto tiempo había estado allí. Sabía que mi comprensión de Dios y de su universo había crecido sustancialmente, solo por tocar estas dos piedras, pero había muchas, muchas más para tocar. Había más en esa habitación de lo que una persona podía haber observado en toda una vida. «¿Cuántas habitaciones más hay?», le pregunté al ángel. «Hay salones como este en cada nivel de la montaña que escalaste.»

«¿Cómo puede alguien experimentar todo lo que está en tan solo uno de estos salones, ¡y mucho menos todos ellos!?», pregunté. «Tienes la eternidad para hacerlo. Los tesoros contenidos en las verdades más básicas del Señor Jesucristo son suficientes para durar más vidas de las que alguien pueda medir. Ningún hombre podrá saber todo lo que hay acerca de cualquiera de ellas en tan solo una vida, pero debes tomar lo que necesites y continuar procediendo hacia tu destino.»

Comencé a pensar acerca de la inminente batalla y los guerreros que habían sido capturados. No era un pensamiento placentero en un lugar tan glorioso, pero sabía que tendría la eternidad para regresar a este salón; tenía tan solo un corto tiempo para encontrar mi camino de regreso hacia la cúspide de la montaña y luego regresar de nuevo al frente de batalla.

Giré nuevamente hacia el ángel. «Debes ayudarme a encontrar la puerta que conduce a la cúspide.» El ángel miró perplejo. «Somos tus siervos», respondió, «pero tú nos debes conducir. Esta montaña entera es un misterio para nosotros. Todos quisimos investigar este gran misterio, pero después que salgamos de este salón del cual hemos llegado a conocer solo un poco, estaremos aprendiendo aun más que tú.»

«¿Sabes dónde están todas las puertas?», pregunté. «Sí, pero no sabemos a dónde conducen. Hay algunas que parecen muy atrayentes, algunas que son simples y otras que de hecho parecen repulsivas. Una incluso es horrible.» «¿En este lugar hay puertas repulsivas?», pregunté con escepticismo. «¿Y una que es horrible? ¿Cómo puede ser esto?» «No lo sabemos, pero te la puedo mostrar», respondió. «¡Por favor, hazlo!», dije.

Caminamos por un rato, pasando tesoros de gloria inenarrables, todos los cuales eran difíciles de atravesar. También había muchas puertas con diferentes verdades bíblicas sobre cada una de ellas, a las cuales representaban. Cuando el ángel las había denominado «atrayentes», pensé que había subestimado su atracción. Tenía fuertes deseos de atravesar cada una, pero mi curiosidad acerca de la «puerta horrible» me mantuvo en movimiento.

Luego la vi. El término «horrible» había sido también una subestimación. Me causó tal estupor que pensé que me quitaría la respiración.

Gracia y verdad

Me alejé de aquella puerta y me retiré rápidamente. Había una bella piedra roja cerca, sobre la cual casi me abalancé para tocarla con mis manos. Inmediatamente estaba en el jardín de Getsemaní, contemplando al Señor en oración. La agonía que contemplaba era aun más terrible que la puerta que acababa de ver. Sorprendido, retiré mi mano de la piedra y caí sobre el suelo exhausto. Deseaba regresar a las piedras azules o verdes, pero tenía que recobrar mi energía y mi sentido de dirección. Los ángeles estaban rápidamente a mi alrededor, sirviéndome. Me dieron algo de tomar que comenzó a revivirme. Pronto me sentía lo suficientemente bien como para estar de pie y comenzar a caminar de regreso a las otras piedras. Sin embargo, la visión recurrente del Señor orando finalmente me obligó a detenerme.

«¿Qué fue eso atrás?», pregunté. «Cuando tocas las piedras podemos ver un poco de lo que ves, y sentir un poco de lo que sientes», dijo el ángel. «Sabemos que todas estas piedras son grandes tesoros y todas las revelaciones que contienen son de un valor incalculable. Contemplamos por un momento la agonía del Señor antes de su crucifixión y brevemente sentimos lo que Él sintió aquella terrible noche. Es difícil comprender cómo nuestro Señor pudo haber sufrido así. Esto hace que apreciemos mucho más el honor de servir a los hombres por los cuales Él pagó un precio tan terrible.»

Las palabras de los ángeles eran como ráfagas de truenos que llegaban directo a mi alma. Había luchado una gran batalla. Había escalado a la cúspide de la montaña. Me había familiarizado con la esfera espiritual, al punto de que casi ni me doy cuenta que ellos eran ángeles, y podía hablar en términos casi iguales con las grandes águilas. Pero no podía soportar compartir siquiera un momento del sufrimiento del Señor sin desear huir a una experiencia más placentera. «Yo no debiera estar aquí», casi grité. «¡Yo, más que nadie, merezco ser un prisionero del malvado!»

«Señor», dijo el ángel comprensivamente. «Comprendemos que nadie está aquí porque lo merezca. Tú estás aquí porque fuiste escogido antes de la fundación del mundo con un propósito. No sabemos cuál sea el propósito específico para ti, pero sabemos que es grande para cada uno en este monte.»

«Gracias. Ustedes son de mucha ayuda. Mis emociones se están expandiendo grandemente en este lugar y tienden a sobrepasar mi comprensión. Tienes razón. Nadie está aquí porque sea digno. Ciertamente, mientras más escalamos en este monte, más indignos llegamos a ser y más gracia necesitamos para estar aquí. ¿Cómo fue que logramos llegar a la cúspide la primera vez?» «Por la gracia», respondió mi ángel.

«Si quieres ayudarme», dije, «por favor, continúa repitiéndome esa palabra en cualquier cosa que me veas confundido o desesperado. Comenzaré a comprender mejor esa que cualquier otra. Ahora debo regresar a la piedra roja. Sé que es el tesoro más grande de este salón y no debo dejarlo hasta que lleve aquel tesoro en mi corazón.»

La verdad de la gracia

El tiempo que pasé en la piedra roja fue el más doloroso que jamás haya vivido. Muchas veces simplemente no podía soportar más, por lo que tenía que retirar mi mano. En ocasiones regresé a las piedras azul y verde para rejuvenecer mi alma antes de regresar. Cada vez se tornaba más difícil retornar a la piedra roja, pero mi amor y aprecio por el Señor estaban creciendo más a través de ella, más que cualquier otra cosa que hubiese aprendido o vivido antes.

Finalmente, cuando la presencia del Padre se apartó de Jesús en la cruz, no pude soportarlo. Me di por vencido. Podía ver que los ángeles, quienes estaban viviendo hasta cierto grado lo mismo, estaban totalmente de acuerdo conmigo. La fuerza de voluntad de tocar nuevamente la piedra ya no estaba en mí. Ni siquiera sentía que debía regresar a la piedra azul. Simplemente estaba postrado en el piso. Estaba gimiendo a causa de lo que el Señor había atravesado. Lloraba también porque sabía que yo lo había abandonado, de igual manera como sus discípulos. Le fallé cuando Él más me necesitaba, como ellos lo hicieron.

Después de lo que había parecido como varios días, abrí mis ojos. Otra águila estaba de pie a mi lado. Frente a ella habían tres piedras. Una azul, una verde y una roja. «Cómetelas», dijo. Cuando lo hice, todo mi ser fue renovado, y un gran gozo y sobriedad inundaron mi alma. Cuando me puse de pie, vi las mismas tres piedras ubicarse en la empuñadura de mi espada, y luego en uno de mis hombros. «Ahora estas son tuyas para siempre», dijo el águila. «No se te podrán quitar y no las podrás perder.»

«Pero no he acabado la última», protesté. «Sólo Cristo podrá acabar aquella prueba», respondió. «Tú lo has hecho bien y ahora debes continuar.» Entonces pregunté «¿A dónde?». «Tú debes decidir, pero como el tiempo se va acabando sugiero que procures llegar a la cúspide pronto.» El águila se fue, obviamente con apuro.

Entonces recordé las puertas. Comencé a través de aquellas que habían sido atractivas. Cuando llegué a la primera, simplemente ya no me atraía. Luego me fui hacia otra y sentí lo mismo. «Algo parece haber cambiado», afirmé en voz audible.

«Tú has cambiado», respondieron los ángeles inmediatamente. Me volteé a mirarlos y estaba sorprendido cuánto habían cambiado. Ya no tenían una mirada ingenua sino que ahora eran más reales, y sus rostros más sabios. Sabía que reflejaban lo que también había sucedido en mí, pero ahora me sentía incómodo con el solo hecho de pensar en mí mismo.

«Les pido su consejo», le dije al líder. «Escucha tu corazón», dijo él. «Allí es donde ahora habitan estas grandes verdades.» «Nunca he podido confiar en mi propio corazón», respondí. «Está sujeto a tantos conflictos... Estoy sujeto a errores, engaños y ambiciones egocéntricas. Es difícil para mí incluso oír al Señor hablándome por encima del clamor de mi corazón.»

«Señor, con la piedra roja ahora en tu corazón, no creo que esto continúe así», afirmó el líder con una confianza no característica.

Me incliné contra la pared pensando que el águila no estaba aquí cuando más lo necesita. Ella había estado por este camino antes y sabía qué puerta escoger. Pero sabía que él no regresaría y que estaba bien que yo escogiera. Mientras meditaba en esto, la «puerta horrible» era la única en la cual podía pensar. Por curiosidad decidí regresar y mirarla. Me había apartado de ella tan rápidamente la primera vez que ni siquiera me había dado cuenta qué verdad representaba.

A medida que me aproximaba a ella podía sentir el temor que se iba acumulando dentro de mí, pero no tan intensamente como la primera vez. De una forma distinta a las otras puertas, estaba muy oscuro alrededor de esta y tenía que acercarme bastante para leer la verdad que estaba escrita sobre ella. Un tanto sorprendido, leí: «EL TRONO DEL JUICIO DE CRISTO.» «¿Por qué esta verdad es tan temible?», pregunté audiblemente, sabiendo que los ángeles no me responderían. Mientras continuaba mirándola sabía que era una puerta que debía atravesar.

«Hay muchas razones por las cuales es temible», respondió la voz conocida del águila. «Estoy contento que hayas regresado», respondí. «¿He tomado una mala opción?» «¡No! Has escogido bien. Esta puerta te llevará de nuevo a la cúspide de la montaña más rápido que cualquier otra. Es temible porque el temor más grande en la Creación tiene su fuente a través de esta puerta. La sabiduría más grande que los hombres puedan conocer en esta vida, o en la vida por venir también se encuentra en esa puerta. Aun así, muy pocos entrarán en ella.»

«Pero, ¿por qué esta puerta es tan oscura?», pregunté. «La luz de estas puertas refleja la atención que la Iglesia actualmente le da a las verdades contenidas en ellas. La verdad atrás de esa puerta es una de las más olvidadas en estos tiempos, aun cuando es una de la más importantes. Comprenderás cuando entres. La autoridad más grande que los hombres puedan recibir será encomendada solo a aquellos que atraviesen por esta puerta. Cuando veas a Jesucristo sentado en su trono, tú también estarás preparado para sentarte con Él.»

«Entonces, ¿esta puerta no sería tan oscura y prohibida si le hubiésemos dado mayor atención a esta verdad?», pregunté. «Es correcto. Si los hombres supieran la gloria que está revelada detrás de aquella puerta, sería una de las más resplandecientes», lamentó el águila. «Sin embargo, continúa siendo una puerta difícil de atravesar. Se me dijo que regresara a motivarte porque pronto lo necesitarás. Verás una gloria mayor, pero también un terror más grande del que jamás has conocido. Pero debes saber que debido a que ahora has optado por el camino difícil, te será mucho más fácil después; porque estás dispuesto a confrontar esta verdad ahora, no sufrirás pérdidas después. A muchos les encanta conocer su bondad, pero muy pocos están dispuestos a conocer su severidad. Si no abrazas ambas, siempre correrás el peligro del engaño y de caer de su gracia.»

«Sé que nunca hubiera venido aquí si no hubiera pasado el tiempo que pasé en la piedra roja. ¿Cómo puedo continuar seguir intentando el camino fácil cuando es tan opuesto a la naturaleza del Señor?», pregunté.

«Pero ahora has escogido; vé rápidamente. Otra gran batalla está próxima a dar inicio y tú eres requerido en el frente», dijo.

Mientras miré al águila y la gran determinación en sus ojos, mi confianza creció. Finalmente, giré hacia la puerta.

PARTE IV

El trono blanco

Contemplé por última vez el salón grande dentro de la montaña. Las piedras preciosas y los tesoros que representaban las verdades de la salvación eran imponentes en su gloria. Parecía que no había fin a su extensión y no había forma de comprender totalmente su belleza. No podía imaginar que los salones que contenían las otras verdades de la fe pudieran ser más gloriosos. Esto me ayudó a comprender porqué tantos cristianos nunca querían abandonar este nivel, estando contentos simplemente con maravillarse de las doctrinas básicas de la fe. Sabía que podía permanecer aquí durante la eternidad y nunca aburrirme.

Luego el águila que estaba parada al lado mío me exhortó: «¡Debes continuar!» Cuando volteé a mirarla, bajó el tono de su voz, pero continuó: «No hay ningún lugar mayor de paz y seguridad en el cual podamos habitar que en la salvación del Señor. Fuiste traído aquí para conocer esto porque tú necesitarás esta fe para el lugar donde vas a ir ahora, pero no debes permanecer aquí más tiempo.»

La afirmación del águila acerca de la paz y la seguridad me llevó a pensar acerca de los guerreros valientes quienes habían luchado en la batalla desde el primer nivel de la montaña, Salvación. Habían luchado y liberado a muchos, pero estaban también malheridos. No parecía que hubiesen encontrado la paz y la seguridad aquí. Luego el águila interrumpió mis pensamientos nuevamente, como si estuviese escuchándolos: «Dios tiene una definición distinta a la nuestra de lo que significan paz y seguridad. El estar herido en una pelea es un gran honor. Fue por los azotes del Señor que somos sanos, y es a través de nuestros azotes que nos es dada también la autoridad para sanar. En el mismo lugar en el cual el enemigo nos hiere, una vez que hemos sanado, recibimos el poder para sanar a otros. La sanidad era una parte fundamental del ministerio del Señor, y también una parte básica del nuestro. Esta es una razón por la cual el Señor permite que le sucedan cosas malas a su pueblo, de manera que puedan recibir la compasión para otros mediante la cual opera el poder sanador. Esta es la razón por la cual el apóstol Pablo relató que había sido azotado y apedreado cuando su autoridad fue cuestionada. Cada herida, cada cosa mala que nos sucede puede ser transformada en autoridad para hacer el bien. Cada azote que el gran apóstol recibió resultó en salvación para otros. Cada herida que un guerrero recibe resultará en la salvación, sanidad o restauración de otros.»

Las palabras del águila eran muy alentadoras. Parado allí, en medio de la gloria de los tesoros de la salvación, hacía que esta verdad fuese aun más clara y penetrante. Quería salir y gritarlo desde la cúspide de la montaña, para que todos los que aún luchaban estuviesen animados por ella.

Luego el águila continuó: «Hay otra razón por la cual el Señor permite que seamos heridos. No hay valor a menos que haya verdadero peligro. El Señor dijo que Él iría con Josué a luchar por la Tierra Prometida, pero vez tras vez lo exhortaba a ser fuerte y valiente. Esto se debía a que debía luchar, y que existiría un peligro muy real. Es de esta forma como el Señor prueba a aquellos que son dignos de las Promesas.»

Miré a la anciana águila y por primera vez me di cuenta de las cicatrices de su plumaje rasgado y roto; sin embargo, las cicatrices no eran feas, sino que estaban delineadas con oro, que de cierta forma no era un metal, sino carne y plumaje. Luego pude ver que era precisamente este oro el que proyectaba la gloria que emanaba del águila, haciendo su presencia tan asombrosa.

«¿Por qué no había visto esto antes?», inquirí. «Sólo hasta que hayas contemplado y apreciado las profundidades de los tesoros de la salvación, no podrás ver la gloria que viene del sufrimiento a causa del evangelio. Una vez que lo has visto, estarás listo para las pruebas que liberarán los niveles más altos de autoridad espiritual en tu vida. Estas cicatrices son la gloria que llevaremos para siempre. Este es el motivo por el cual las heridas que nuestro Señor sufrió están con Él en el Cielo. Aún puedes ver sus heridas, así como las que todos sus escogidos han recibido por Él. Estas son las medallas de honor en el Cielo. Todos los que la llevan aman a Dios y su verdad más que sus propias vidas. Estos son aquellos que siguieron al Cordero a donde quiera que Él fuera, dispuestos a sufrir a causa de la verdad, de la justicia y de la salvación de los hombres. Los verdaderos líderes de su pueblo, quienes tienen autoridad espiritual genuina, deben probar primero su devoción de esta manera.»

Miré al líder de la compañía de ángeles que me seguía. Nunca había visto a un ángel expresando profunda emoción en mi presencia, pero estas palabras estaban, incuestionablemente, moviéndolo grandemente, al igual que a los demás. Realmente pensé que estaba a punto de llorar. Luego el líder habló: «Hemos sido testigos de muchas maravillas desde la Creación. Pero el sufrimiento voluntario de los hombres por el Señor y por sus prójimos, es lo más maravilloso de todo. Nosotros también debemos luchar en algunos momentos y sufrimos, pero moramos donde existe tal grado de luz y gloria que es muy fácil hacerlo. Cuando los hombres y mujeres que moran en tal clase de oscuridad y maldad con tan poco estímulo, sin poder contemplar la gloria sino tan solo llevar una esperanza en ella, optan por sufrir por aquella esperanza que tan sólo pueden ver someramente en sus corazones, esto ocasiona que aun los ángeles más grandes inclinen su rodilla y gratamente sirvan a estos herederos de la salvación. Al principio no comprendíamos por qué el Padre había decretado que los hombres tuvieran que caminar por fe, no pudiendo contemplar la realidad y las glorias de la esfera celestial sufriendo tanta oposición. Pero ahora comprendemos que, a través de estos sufrimientos, ciertamente es comprobada su dignidad de recibir la gran autoridad que le será otorgada como miembros de su propia familia. Ahora, este caminar en fe es la maravilla más grande del cielo. Aquellos que pasan esta prueba son dignos de sentarse con el Cordero en su trono, ya que Él los ha hecho dignos, y ellos han comprobado su amor.»

Luego el águila intervino: «El valor es una demostración de fe. El Señor nunca prometió que su camino sería fácil, pero nos aseguró que valdría la pena. El valor de aquellos que lucharon en el nivel de la salvación conmovió a los ángeles en el cielo para que estimaran lo que Dios ha labrado en hombres caídos. Recibieron sus heridas en la terrible batalla, mientras contemplaban tan solo la oscuridad y una aparente derrota de la verdad, de igual manera como nuestro Señor lo hizo en la cruz. Aun así, no se dieron por vencidos y no retrocedieron.»

Nuevamente comenzaba a lamentar el no haber permanecido en el nivel de salvación y haber luchado con aquellas otras almas valientes. Otra vez, comprendiendo mis pensamientos, el águila los interrumpió: «Al escalar la montaña también estabas demostrando tu fe y sabiduría, las cuales también liberan autoridad. Tu fe libró a muchas almas de manera que pudieran venir a la montaña en busca de salvación. Tú también recibiste algunas de las heridas, pero tu autoridad en el Reino ha venido más a causa de los hechos de fe que del sufrimiento. Puesto que has sido fiel en pocas cosas, ahora recibirás el gran honor de regresar para sufrir, de manera que puedas llegar a ser un gobernante sobre muchos más. Pero recuerda que todos trabajamos juntos por los mismos propósitos, sin diferenciar si estamos edificando o sufriendo. Muchas almas más llenarán estos salones para gran gozo en el Cielo, si tú llegas a escalar más. Ahora has sido llamado a escalar y a edificar, pero más adelante recibirás el honor de sufrir si eres fiel a esto.»

Luego me di vuelta y miré a la puerta oscura y peligrosa sobre la cual estaba escrito: «El Trono del Juicio de Cristo.» Y así como la calidez y la paz habían inundado mi alma cada vez que miraba los grandes tesoros de la salvación, en esta ocasión el temor y la inseguridad atraparon mi alma cuando miré esta puerta. Ahora parecía que todo dentro de mí quería quedarse en este salón y nada en mí quería atravesar aquella puerta. Nuevamente el águila respondió a mis pensamientos: «Antes de entrar por esta puerta y alcanzar cualquier gran verdad tendrás estos mismos sentimientos. Incluso los sentiste cuando entraste en este salón lleno con los tesoros de la salvación. Estos temores son resultados de la caída. Son los frutos del Árbol del Conocimiento del Bien y del Mal. El conocimiento de aquel árbol nos llevó a todos a sentirnos inseguros y centrados en nosotros mismos. El conocimiento del bien y del mal hace que el conocimiento verdadero de Dios parezca temible, cuando de hecho cada verdad de Dios conduce a una paz y seguridad aún mayor. Incluso los juicios de Dios deben ser deseados, porque todos sus caminos son perfectos.»

Había experimentado suficiente como para saber que lo que parece correcto por lo general es el camino menos fructífero, y con frecuencia conduce al fracaso. A lo largo de mi peregrinaje, el camino de mayor riesgo era el que conducía a los premios más grandes. Aun así, cada vez parecía que más cosas estaban en riesgo. Por lo tanto, optar escalar más alto se hacía más difícil cada vez. Comencé a compadecerme de aquellos que se detenían en algún punto de su camino y se rehusaban a seguir, aunque yo sabía más que nunca que este era un error. La única seguridad verdadera venía de movilizarnos continuamente hacia adelante, hacia las esferas que requerían más fe, lo cual era mayor dependencia del Señor.

«Sí, requiere más fe caminar en las esferas más altas del Espíritu», añadió el águila. «El Señor nos dio el mapa de su reino cuando dijo: "Si buscas salvar tu vida la perderás, pero si la pierdes a causa mía la encontrarás." Aquellas palabras de por sí solas pueden mantenerte en el camino hacia la cúspide de la montaña y te pueden conducir a la victoria en la gran batalla que está por delante. También te ayudarán a estar firme delante del Trono del Juicio de Cristo.»

Sabía que era tiempo de partir. Resolví recordar siempre la gloria de este salón que contenía los tesoros de la salvación, pero sabía que debía moverme más allá de donde ellos estaban. Debía continuar; giré y con todo el valor que pude asumir abrí la puerta hacia la silla del juicio de Cristo y la atravesé. La compañía de ángeles que me había sido asignada tomó posiciones alrededor de la puerta, pero no entraron.

«¿Qué sucede? ¿No entran?», demandé. «Adonde vas ahora, debes entrar solo. Te estaremos esperando al otro lado.»

Sin responder, giré y comencé a caminar antes de cambiar de opinión. De alguna manera sabía que no era correcto basar mi seguridad en la presencia y compañía de los ángeles. Mientras caminaba en la oscuridad escuché las últimas palabras del águila: «Después de esto no tendrás tu confianza en nadie más, ni en ti mismo, sino tan sólo en el Señor.»

Estaba en la oscuridad más temeraria que jamás hubiese experimentado. El dar cada paso llegó a ser una terrible batalla de temor. Pronto comencé a pensar que había entrado al infierno mismo. Finalmente decidí retirarme, pero cuando intenté regresar no podía ver nada. La puerta estaba cerrada y no podía ver dónde estaba ubicada. Comencé a sentir que todo lo que me había sucedido y todo lo que las águilas y los ángeles me habían dicho había sido un engaño para atraparme en este infierno. ¡Había sido engañado!

Clamé al Señor que me perdonara y me ayudara. Inmediatamente comencé a verlo en la cruz, como cuando había puesto mi mano sobre la piedra roja en el salón del cual había salido. Nuevamente contemplé la oscuridad de su alma cuando Él estaba de pie, solo, llevando el pecado del mundo. En aquel salón esta había sido una oscuridad terrible de contemplar, pero ahora había luz. Decidí que debía continuar fijando mi mente en Él. Mientras lo hice, con cada paso la paz comenzó a crecer en mi corazón y llegó a ser más fácil de lo que había sido hacía tan solo unos pocos minutos atrás.

Pronto ni siquiera era consciente de la oscuridad y no sentía más frío. Luego comencé a ver una luz opaca que, gradualmente, llegó a ser una luz gloriosa. Posteriormente se volvió tan maravillosa que sentí que estaba entrando al mismo Cielo. La gloria crecía con cada paso. Me preguntaba cómo algo tan maravilloso podía tener una entrada tan oscura y tenebrosa. Ahora estaba disfrutando cada paso.

Luego el camino se abrió hacia un pasillo tan amplio que no pensé que podría caber en la tierra misma. Su belleza no podía ser imaginada por ninguna referencia de arquitectura humana. Esta excedía la maravilla de cualquier cosa que hubiese experimentado, incluyendo el jardín o el salón que contenía los tesoros de la salvación. Estaba en este momento tan sobrecogido de gozo y belleza como lo había estado previamente por la oscuridad y el temor hacía tan solo unos minutos atrás. Luego comprendí que cada vez que había experimentado un gran dolor o una gran oscuridad del alma, había sido seguida por una revelación mayor de gloria y paz.

En el fondo estaba la fuente de esa gloria que emanaba de todo lo demás en el salón. Sabía que era el Señor mismo y aunque ahora lo había visto muchas veces, comencé a sentir un poco de miedo mientras avanzaba hacia Él. Sin embargo, este era un temor santo que solo magnificaba el gran gozo y la paz que también sentía. Sabía que el Trono del Juicio de Cristo era la fuente de mayor seguridad que jamás había experimentado, pero al mismo tiempo era fuente del más grande y puro temor.

No me di cuenta cuán grande era la distancia hasta el trono. Era tan maravilloso caminar ahí que no me importaba si el llegar tomaba mil años. En términos terrenales, me tomó mucho tiempo. En cierto modo sentía que eran días y en otros años. Pero de cierta forma, el tiempo terrenal no tenía relevancia allí.

Mis ojos estaban tan fijos en la gloria del Señor que caminé durante mucho tiempo antes que me diera cuenta que estaba pasando a multitudes de personas que se encontraban de pie en filas hacia mi izquierda (había igual cantidad hacia mi derecha, pero estaban tan lejos que no podía verlos hasta que llegué al trono). Mientras los miraba me detuve. Eran deslumbrantes, con un corte de realeza mayor que cualquiera que hubiese visto antes. Sus rostros eran cautivantes. Nunca había habido tanta paz y confianza adornando un rostro humano. Cada uno era bello más allá de cualquier comparación terrenal. Mientras miré a aquellos que estaban cerca mío, estos se inclinaron para saludarme como si me reconocieran.

«¿Cómo es que me conocen?», pregunté, sorprendido de mi propio coraje para formular esta pregunta. «Tú eres uno de los santos luchando en la última batalla», respondió un hombre cercano a mí. «Cada uno de nosotros te conoce, al igual que a todos aquellos que están luchando ahora en la tierra. Somos los santos que hemos servido al Señor en las generaciones anteriores a ti. Somos la gran nube de testigos que hemos recibido el derecho de contemplar la última batalla. Los conocemos a todos ustedes y vemos todo lo que hacen.»

Para mi sorpresa, reconocí a alguien que había conocido en la tierra. Había sido un creyente fiel, pero nunca me imaginé que hubiese hecho algo significativo. Era tan poco atractivo físicamente en la tierra que se había vuelto tímido. Aquí tenía las mismas características, pero era más hermoso que cualquier persona que hubiera conocido en la tierra. Se acercó a mí con una seguridad y dignidad que nunca antes había visto en él, ni en ningún otro hombre.

«El Cielo es mucho mejor de lo que podríamos haber soñado mientras vivíamos en la tierra», comenzó diciendo. «Este salón es tan solo el umbral de esferas de gloria que están más allá de todo lo comprensible. También es cierto que la segunda muerte es mucho más terrible de lo que podemos comprender. Ni el cielo ni el infierno son como habíamos pensado que eran. Si yo hubiese conocido sobre la tierra lo que ahora sé aquí, no hubiese vivido en la forma que lo hice. He sido bendecido grandemente al poder venir aquí antes de tu muerte», dijo él, mirando mis vestimentas.

Me miré a mí mismo. Aún tenía puesto el viejo manto de humildad, y debajo de él aún estaba la armadura. Me sentía tan inmundo como imperfecto, parado allí delante de aquellos tan gloriosos. Comencé a pensar que estaba en serios problemas si había planeado aparecer delante del Señor así. Al igual que las águilas, aquellos viejos conocidos podían comprender mis pensamientos y respondían a ellos.

«Aquellos que vienen aquí con el manto puesto no tienen nada que temer. Ese manto es el más alto rango de honor, y es el motivo por el cual todos se han inclinado hacia ti mientras pasabas.» «No me di cuenta que alguien estuviese inclinándose ante mí», respondí, un poco desconcertado. «De hecho, ni siquiera me di cuenta de nadie hasta ahora.»

«No es algo impropio», continuó él. «Aquí nos damos el uno al otro el respeto que cada cual merece. Incluso los ángeles nos sirven, pero solo nuestro Dios y Jesucristo son adorados. Hay una diferencia marcada entre honrarnos unos a otros en amor y adorarlos a ellos. Si hubiésemos entendido esto en la tierra, nos hubiéramos tratado unos a otros de una manera diferente. Es aquí, a la luz de su gloria, que podemos percibir y comprendernos unos a otros plenamente, y por lo tanto relacionarnos adecuadamente unos con otros.»

Aún me sentía avergonzado. Tenía que contenerme para no inclinarme ante ellos. Mientras que a la vez deseaba esconderme porque me sentía muy bajo. Luego comencé a lamentar el hecho de que mis pensamientos aquí eran tan tontos como lo habían sido en la tierra, ¡y aquí todos los conocían! Me sentía manchado y ridículo, parado delante de estos que eran tan asombrosos y puros. Nuevamente, aquel antiguo conocido respondió a estos pensamientos: «Ahora tenemos nuestros cuerpos incorruptibles, mientras que tú aún no lo tienes. Nuestras mentes ya no están limitadas por el pecado, por lo tanto somos capaces de comprender mucho más lo que la mente humana más grande puede imaginarse; y pasaremos la eternidad creciendo en nuestra habilidad de comprender. Esto es para que podamos conocer al Padre y comprender la gloria de su creación. Sobre la tierra uno no puede comenzar a comprender lo que el menor de estos aquí ya sabe, y nosotros somos los menores de estos aquí.»

«¿Cómo puedes ser uno de los menores?», pregunté con incredulidad. «Hay un cierto tipo de aristocracia aquí. Los premios por nuestras vidas terrenales son las posiciones eternas que tendremos para siempre. Esta gran multitud son aquellos a quienes el Señor llamó como "vírgenes insensatas". Conocíamos al Señor y confiábamos en su cruz para nuestra salvación, pero realmente no vivimos para Él sino para nosotros mismos. No mantuvimos nuestras lámparas llenas del aceite del Espíritu Santo. Tenemos vida eterna, pero desperdiciamos nuestras vidas sobre la tierra.»

Estaba sorprendido por esto, pero también sabía que nadie podía mentir en aquel lugar. «Las vírgenes insensatas crujían sus dientes en la oscuridad de afuera», protesté. «Y eso hicimos. La tristeza que experimentamos cuando comprendimos cuánto habíamos despreciado nuestras vidas era más allá de un dolor posible sobre la tierra. La oscuridad de aquel lamento tan solo puede ser comprendido por aquellos que lo han experimentado. Tal oscuridad se magnifica cuando se revela a la luz de la gloria de Aquel a quien le fallamos. Tú estás parado ahora en medio de las filas más bajas del Cielo. No hay mayor dislate que la de conocer la gran salvación de Dios y después continuar viviendo para uno mismo. El venir aquí y aprender la realidad de aquello es un dolor más allá de lo que un alma terrenal puede experimentar. Somos aquellos que sufrimos esta oscuridad externa a causa del más grande de los disparates.»

Seguía incrédulo. «Pero ustedes son más gloriosos y llenos de gozo y paz de lo que nunca me hubiera imaginado, aun para seres que están en el Cielo. No siento en ustedes remordimiento y sé que aquí no pueden mentir. Esto no tiene sentido para mí.»

Mirándome justo a los ojos, continuó: «El Señor nos ama con un amor mayor del que tú puedas comprender. Delante de su Trono del Juicio sentí la oscuridad más profunda del alma y del remordimiento que pueda ser experimentado. Aunque aquí no medimos el tiempo como ustedes lo hacen, parecía haber durado tanto como el mismo tiempo que mi vida terrenal. Todos mis pecados y tonterías de las cuales no me había arrepentido pasaron delante de mí, y delante de todos los que están aquí. Tú no puedes comprender el dolor de esto hasta que lo has experimentado. Sentía que estaba en el calabozo más profundo del infierno, aun cuando estaba de pie delante de la gloria del Señor. Él estaba resuelto de que mi vida hubiese sido revisada completamente. Cuando dije que lo sentía y pedí misericordia de su cruz, Él secó mis lágrimas y alejó la oscuridad. Ya no siento la amargura que conocí mientras estaba de pie delante de Él, pero la recuerdo. Sólo aquí se pueden recordar tales cosas sin sentir continuamente el dolor. Un momento en la parte más baja del Cielo es mucho más grande que mil años de la vida más elevada en la tierra. Ahora mi quebrantamiento a causa de mi disparate se ha tornado en gozo, y sé que conoceré el gozo para siempre, aunque esté en el lugar más bajo del Cielo.»

Comencé a pensar nuevamente en los tesoros de la salvación. De cierta forma sabía que todo lo que este hombre me había dicho, había sido revelado por aquellos tesoros. Cada paso que había tomado escalando la montaña —o dentro de ella— había revelado que sus caminos son tanto más temerosos y maravillosos de lo que yo había podido comprender antes.

Mirándome intensamente, aquel antiguo conocido mío, continuó: «No estás aquí solo para ganar comprensión, sino para experimentar y ser transformado. El próximo rango en nivel aquí es mucho más grande de lo que aquí tenemos. Cada nivel posterior es mayor que el previo. No es simplemente que cada nivel tenga un cuerpo espiritual más glorioso, sino que cada nivel está más cerca al Trono de donde emana toda la gloria. Aun así, ya no siento el dolor por mi fracaso. Realmente no merezco nada. Estoy aquí tan sólo por gracia, y estoy muy agradecido por lo que tengo. Él es dignísimo de ser amado. Ahora podría estar haciendo cosas maravillosas en las distintas esferas del Cielo, pero prefiero estar aquí sólo contemplando su gloria, aunque esté en la periferia.»

Luego, con una mirada distante en sus ojos, añadió: «Todos los que están en el Cielo ahora están en este salón para observar la revelación de su gran misterio y para mirar a aquellos de ustedes que lucharán en la última batalla.»

«¿Puedes verlo desde aquí?», pregunté; «veo su gloria distante pero no puedo verlo a Él». «Yo puedo ver mejor que tú», respondió. «Sí, puedo verlo a Él y todo lo que está haciendo, aun desde aquí. También lo puedo oír, y puedo contemplar la tierra. Él nos dio todo este poder. Somos la gran nube de testigos que los contemplamos a ustedes», repitió. Luego se inclinó y regresó a su fila.

Comencé a caminar nuevamente, procurando comprender todo lo que me había dicho. A medida que miré a la gran hueste que él había denominado «vírgenes insensatas» —aquellos que habían «dormido» espiritualmente durante sus vidas terrenales, sabía que si cualquiera de ellos se apareciera sobre la tierra ahora serían adorados como dioses. Sin embargo, ¡eran los más pequeños de todos los que estaban allí!

Luego comencé a pensar en todo el tiempo que había desperdiciado en mi propia vida. Era un pensamiento tan sobrecogedor que me detuve. Luego, partes de mi vida comenzaron a pasar delante de mí, y comencé a experimentar un dolor terrible con respecto a un pecado. ¡Yo también había sido uno de los tontos más grandes! Pude haber mantenido más aceite en mi lámpara que otros, pero ahora sabía cuán tonto había sido al medir lo que se requería de mí, por medio de la comparación con lo que otros estaban haciendo. ¡Yo también era una de las vírgenes insensatas!

Justo cuando pensé que iba a derrumbarme bajo el peso de este descubrimiento terrible, un hombre a quien había conocido y estimado como un gran hombre de Dios, vino hacia adelante para sostenerme. De cierta forma, su toque me revivió. Luego me saludó cálidamente. Era un hombre por el cual me hubiera gustado ser discipulado. Lo había conocido pero no nos llevábamos bien. Al igual que otros, había procurado acercarme lo suficiente para aprender de él, pero fui causa de su irritación, y finalmente me pidió que me fuera. Durante años me había sentido culpable acerca de esto, sintiendo que había perdido una gran oportunidad debido a alguna falla en mi carácter. Aunque lo había descartado de mi mente, aún cargaba el peso de este fracaso. Cuando lo vi, todo salió a la superficie y me sentí enfermo. Ahora él tenía un viso de realeza que me hacía sentir más repulsivo y avergonzado por mi pobre condición. Quería esconderme pero no había ningún camino para tomar en donde pudiera evitarlo. Para mi sorpresa, su calidez hacia mí era tan genuina que por fin me hizo relajar. No parecía haber barreras entre los dos. De hecho, el amor que sentía viniendo de él hacia mí casi me hace perder mi propia consciencia.

«He esperado ansiosamente esta reunión», dijo él. «¿Me estabas esperando?», pregunté. «¿Por qué?» «Eres sóolo uno de los muchos a los cuales estoy esperando. No comprendí hasta mi juicio que eras uno de los cuales había sido llamado para ayudar, e incluso para discipular, pero te rechacé.»

«Señor», protesté. «Hubiera sido un gran honor haber sido discipulado por ti y estoy muy agradecido por el tiempo que pasé a tu lado, pero era tan arrogante que merecía aquel rechazo. Sé que mi rebelión y mi orgullo me han mantenido distante de un verdadero padre espiritual. Esto no fue tu culpa sino la mía.»

«Es verdad que eras orgulloso, pero este no es el motivo por el cual estaba ofendido contigo. Estaba ofendido por mi propia inseguridad, la cual me hacía desear controlar a todo el mundo a mi alrededor. Me ofendía que no aceptaras todo lo que decía sin cuestionarlo. Luego comencé a mirar las cosas que estaban mal contigo para justificar mi rechazo. Comencé a sentir que si no te podía controlar, algún día me avergonzarías tanto a mí como a mi ministerio. Estimaba mi ministerio más de lo que estimaba a las personas por las cuales me había sido dado, así es que te alejé como a muchos otros», dijo.

«En algunos momentos debo admitir que pensé que te habías vuelto un...», me detuve a mí mismo avergonzado por lo que estaba a punto de decir. «Y tienes razón», dijo él con una genuinidad que no es conocida en la esfera de la tierra. «Había recibido la gracia de ser un padre espiritual, pero fui uno muy malo. Todos los niños son rebeldes; todos se centran en sí mismos y creen que el mundo gira alrededor de ellos. Este es el motivo por el cual necesitan padres que los críen. Casi todo niño en algunos momentos traerá vergüenza a su familia; sin embargo, sigue siendo parte de ella. Yo alejé a muchos de los hijos de Dios que Él me había encomendado para conducirlos a la madurez. Fracasé con muchos de aquellos quienes permanecieron conmigo. La mayoría de ellos sufrieron heridas terribles e innecesarias y fracasos que pude haber ayudado a evitar. Muchos de ellos son ahora prisioneros del enemigo. Construí una gran organización y tenía considerable influencia en la iglesia, pero los dones más grandes que el Señor me había encomendado eran aquellos que habían sido enviados a mí para ser discipulados, muchos de los cuales rechacé. De no haber sido tan egoísta y de haber estado tan preocupado por mi reputación, podría haber sido un rey aquí. Habría sido llamado a sentarme en uno de los tronos más altos. Todo lo que tienes y lo que lograrás hubiera sido parte de mi cuenta celestial también. Por el contrario, mucho a lo cual presté mi atención tenía muy poco significado eterno.»

«Lo que lograste fue sorprendente», interrumpí. «Lo que parece bueno en la tierra se ve muy distinto desde aquí. Lo que te hace un rey en la tierra, por lo general, será una piedra de tropiezo que te impedirá ser aquí un rey. Lo que te hace rey aquí son las cosas bajas y poco estimadas en la tierra. Fracasé en una de las más grandes pruebas y oportunidades que me fueron dadas, de las cuales una fuiste tú. ¿Me podrías perdonar?»

«Por supuesto», dije avergonzado. «Pero yo también necesito de tu perdón. Todavía creo que fue mi torpeza y rebelión lo que lo hizo difícil para ti. De hecho, yo también impedí que algunos que querían acercarse a mí lo hicieran, por los mismos motivos por los cuales no me quisiste a tu lado.»

«Es cierto que no eras perfecto y discerní algunos de tus problemas correctamente, pero esto nunca es razón para rechazar a alguien», respondió. «El Señor no rechazó al mundo cuando vio sus fracasos. No me rechazó cuando vio mi pecado. Sino que dio su vida por nosotros. Es siempre el mayor el que debe poner su vida por el menor. Yo era más maduro. Tenía más autoridad que tú, pero me volví una de las cabras en la parábola; rechacé al Señor al rechazarte a ti y a otros a los cuales Él me había enviado.»

A medida que hablaba, sus palabras me golpeaban profundamente. Yo también era culpable de todo lo que él estaba mencionando. Muchos jóvenes y jovencitas a quienes había dejado de lado por no creer que eran lo suficientemente importantes para el uso de mi tiempo, ahora atravesaban mi mente. ¡Quería desesperadamente regresar para reunirlos! La tristeza que comencé a sentir era aún peor que la que había sentido por haber desperdiciado mi tiempo. ¡Había desperdiciado gente! Ahora muchos de ellos eran prisioneros del enemigo, heridos y capturados durante la batalla en la montaña. Toda esta batalla era por la gente, y sin embargo, la gente era con frecuencia considerada la menos importante. Vamos a pelear batallas por verdades, más que por las personas por las cuales estas verdades son dadas. Luchamos por ministerios, mientras atropellamos ásperamente a las personas en ellos.

«¡Y muchas personas piensan de mí como un líder espiritual! Realmente soy el menor de todos los santos», pensé en voz alta. «Entiendo como te sientes», respondió otro hombre. Lo reconocí como a alguien que había considerado uno de los líderes cristianos más grandes de todos los tiempos. «Pablo, el apóstol, dijo casi al finalizar su vida que él era el menor de todos los santos. Incluso, justo antes de su muerte, se llamó a sí mismo "el más grande de los pecadores". Él no había aprendido que durante su vida en la tierra, también había estado en peligro de haber llegado a ser uno de los últimos santos en el Cielo. Debido a lo que aprendió en la tierra, es ahora uno de los más cercanos al Señor, y será uno de los más altos en rango por toda la eternidad.»

El ver a este hombre en compañía de las «vírgenes insensatas» fue una de las sorpresas más grandes que me había llevado hasta el momento. «No puedo creer que tú también eres uno de los insensatos que durmió durante su vida terrenal. ¿Por qué estás aquí?» «Estoy aquí porque cometí uno de los errores más grandes que uno puede hacer como alguien a quien se le encomienda el glorioso evangelio de nuestro Salvador. De igual manera como el apóstol Pablo progresó desde no considerarse a sí mismo inferior a los apóstoles más grandes hasta llegar a ser "el más grande de los pecadores", yo tomé el curso opuesto. Inicié sabiendo que había sido uno de los pecadores más grandes que había hallado gracia, pero terminé pensando que era uno de los más grandes apóstoles. Fue a causa de mi gran orgullo, no de la inseguridad como le pasó a nuestro amigo aquí, el motivo por el cual comencé a atacar a todo el mundo que no veía las cosas en la misma forma en que yo las veía. Aquellos que me siguieron abandonaron sus propios llamados e incluso sus personalidades, puesto que presionaba a todos a que se volvieran iguales a mí. Nadie alrededor mío podía ser él mismo. Nadie se atrevía a cuestionarme porque yo lo aplanaba volviéndolo polvo. Pensaba que al hacer a otros más pequeños que yo, me hacía a mí mismo más grande. Creía que debía ser algo como el Espíritu Santo para con todos. Desde afuera mi ministerio se veía como una máquina que operaba suavemente, donde todo el mundo estaba en unidad y donde existía perfecto orden, pero era el orden de un campo de concentración. Tomé a los propios hijos del Señor e hice de ellos autómatas bajo mi propia imagen, en lugar de la de Él. Al final ni siquiera servía al Señor, sino al ídolo que había construido de mí mismo. Al final de mi vida, de hecho, era un enemigo del verdadero evangelio, por lo menos en práctica, aunque mis enseñanzas y escritos parecían impecablemente bíblicos.»

Esto era tan asombroso viniendo de esta persona, que comencé a preguntarme si cada encuentro que yo tenía aquí era para ocasionarme una conmoción mayor que la anterior. «Si eso es cierto, el hecho de volverte enemigo del evangelio, ¿por qué es que todavía estás aquí?», cuestioné. «Por la gracia de Dios, había confiado en la cruz para mi propia salvación, aunque de hecho había mantenido a otros alejado de ella, conduciéndolos a mí mismo en lugar de al Señor. Aun así, el bendito Salvador permanece fiel a nosotros, aun cuando nosotros le seamos infieles. También fue por su gracia que el Señor me sacó de la tierra más pronto de lo pensado a fin de que aquellos que estaban bajo mi liderazgo lo pudieran encontrar y llegar a conocer.»

No podía haber estado más sorprendido al pensar que esto había sido cierto con respecto a este hombre en particular. La historia nos había dado un cuadro muy distinto de él. Leyendo lo que estaba sucediendo en mi corazón, continuó: «Dios tiene un juego distinto de libros de historia que aquellos que circulan en la tierra. Tú ya has tenido un pantallazo de esto, pero aún no sabes cuán distintos son. Las historias terrenales pasarán, pero los libros que se llevan aquí perduran para siempre. Si puedes regocijarte en lo que el Cielo está registrando acerca de tu vida, ciertamente eres bendito. Los hombres ven como por un vidrio oscuro, por lo que sus historias estarán siempre nubladas, y algunas veces completamente equivocadas.»

«¿Cómo fue que tantos otros líderes te estimaran tanto?», pregunté, absorbiendo con dificultad todavía lo que estaba oyendo. «Muy pocos, incluso muy pocos cristianos, tienen el verdadero don de discernimiento. Sin este don es imposible discernir la verdad con precisión en aquellos tanto del presente como del pasado. Incluso con este don es difícil. Hasta que no hayas estado aquí y mientras no hayas sido "desnudado", juzgarás a los otros a través de prejuicios distorsionados, sean positivos o negativos. Por eso se nos advierte que no juzguemos antes de tiempo. Hasta que hayamos estado aquí, realmente no podemos saber qué está en el corazón de los demás, sea que estén desempeñando buenas o malas obras. Ha habido buenas motivaciones aun en los hombres peores, y malas motivaciones hasta en los mejores. Tan solo aquí pueden los hombres ser juzgados tanto por sus obras como por su intenciones.»

«Cuando regrese a la tierra, ¿podré discernir la historia con mayor precisión debido a que he estado aquí?» «Estás aquí porque has orado al Señor para que Él te juzgue severamente, te corrija inmisericordemente, de manera que puedas servirle más perfectamente. Esta fue una de las solicitudes más sabias que jamás hayas hecho. Los sabios se juzgan a sí mismos para no ser juzgados. Aun los más sabios piden que el Señor les juzgue, puesto que se dan cuenta que no se pueden juzgar bien a sí mismos. El haber venido aquí te dará mucha más sabiduría y discernimiento, pero en la tierra siempre verás a través de un vidrio oscuro, por lo menos hasta cierto grado. Tu experiencia aquí te ayudará a conocer mejor a los hombres, pero solo cuando estés aquí en forma definitiva podrás conocerlos totalmente. Cuando te vayas de aquí estarás más impresionado por cuán poco conoces a los hombres, en lugar de por cuán bien los conoces. Esto es igualmente cierto en relación con las historias de los hombres. A mí se me ha permitido caminar contigo porque de cierta forma te he discipulado mediante mis escritos, y el conocer la verdad acerca de mí te ayudará», concluyó el famoso reformador.

Luego, una mujer a quien no conocía avanzó un paso hacia adelante. Su belleza y su gracia eran fascinantes, pero no de una forma sensual ni seductora. «Yo fui la esposa de él en la tierra», comenzó. «Mucho de lo que conoces acerca de su persona realmente venía de mí, por lo tanto, lo que estoy por decir no es solo acerca de él, sino de ambos. Puedes reformar la iglesia sin reformar tu propia alma. Puedes dictar el curso de la historia, mas no hacer la voluntad del Padre, ni glorificar a su Hijo. Si te comprometes a ti mismo a realizar la historia humana, lo podrás hacer; pero será un logro pasajero que se evaporará como un puñado de humo.»

«Pero, la obra de tu esposo, o su trabajo, impactaron grandemente para el bien a cada generación que vino después de él. Es difícil imaginar cuán oscuro hubiese estado el mundo sin él», protesté. «Cierto, pero puedes ganar a todo el mundo y aun así perder tu propia alma. Sólo si mantienes pura tu propia alma podrás impactar al mundo para los verdaderamente eternos propósitos de Dios. Mi esposo perdió su alma a causa mía, y solo la encontró al final de su vida porque fui llevada de la tierra a fin de que él pudiera lograr esto. Mucho de lo que hacía era más por mí que por el Señor. Yo lo presionaba, e incluso le di mucho del conocimiento que él enseñaba. Lo usaba como una extensión de mi propio ego, porque como mujer en aquel tiempo no podía ser reconocida personalmente como una líder espiritual. Me posesioné de su vida de manera que pudiera vivir la mía a través de la suya. Al poco tiempo lo tenía haciendo de todo para probarse a él mismo ante mí.»

«Debiste haberla amado mucho», dije, mirándolo. «No. Realmente ni siquiera la amaba. Ni ella me amaba. De hecho, después de unos pocos años de matrimonio ya ni nos queríamos el uno al otro. Pero ambos nos necesitábamos, así es que encontramos una forma de trabajar juntos. Nuestro matrimonio no era un yugo de amor sino uno de esclavitud. Mientras más exitosos llegábamos a ser, más infelices éramos. Y más empleábamos la decepción para engañar a aquellos que nos seguían. Hacia el final de nuestras vidas éramos unos vacíos desdichados. La mayor influencia que obtienes por tu autopromoción, y tu mayor esfuerzo por retener aquella influencia, más oscura y cruel tornarán tu vida. Los reyes nos temían, pero nosotros temíamos a todos, desde los reyes hasta los campesinos. No podíamos confiar en nadie porque vivíamos tal grado de decepción con nosotros mismos que ni siquiera confiábamos el uno en el otro. Predicábamos amor y confianza porque queríamos que todos nos amaran y confiaran en nosotros, pero nosotros mismos temíamos y secretamente odiábamos a todos. Si predicas las más grandes verdades, pero no las vives, eres tan solo el más grande de los hipócritas y el alma más atormentada.»

Sus palabras comenzaron a golpearme como un martillo. Podía ver que mi vida estaba encaminada hacia la misma dirección. ¿Cuánto estaba haciendo para promoverme a mí mismo más que a Cristo? Comencé a ver cuántas cosas hacía sólo para probarme ante los demás, especialmente ante aquellos a quienes no les caía bien, los que me rechazaban, o aquellos con quienes me sentía de alguna manera en competencia. Comencé a ver cuánto de mi propia vida estaba edificada sobre la fachada de una imagen proyectada, la cual fingía lo que yo realmente era. Pero aquí no podía esconderme. En esta gran nube de testigos todos sabían lo que yo era, más allá del velo de las motivaciones que proyectara.

Volví a mirar nuevamente a esta pareja. Ahora carecían de engaño y eran tan nobles que era imposible cuestionar sus intenciones. Contentos, exponían sus pecados más descarriados para mi beneficio, y estaban genuinamente contentos de poderlo hacer.

«Pude haber tenido un concepto errado acerca de ti mediante tu historia y tus escritos, pero ahora te tengo un mayor aprecio. Oro de manera que pueda llevarme de este lugar la integridad y la libertad que ustedes tienen ahora. Estoy cansado de tratar de vivir con la imagen que he proyectado de mí mismo. ¡Cuánto anhelo esa libertad!», me lamenté, deseando desesperadamente recordar cada detalle de este encuentro. Luego, el famoso reformador ofreció una exhortación final: «No procures enseñar a otros a hacer lo que tú, por ti mismo, no estás logrando. La reforma no es tan solo una doctrina. La verdadera reforma solamente viene de la unión con el Salvador. Cuando estás en yugo con Cristo, llevando la carga que Él te ha dado, Él estará contigo y la llevará por ti. Tan sólo podrás hacer su trabajo cuando lo estés realizando con Él, no sólo para Él.

Solamente el Espíritu puede engendrar aquello que es Espíritu. Si estás en yugo con Él no harás nada a favor de la política ni de la historia. Todo lo que hagas por motivos de presión política u oportunidades te conducirá al fin de tu propio ministerio. Las cosas que se hacen en un esfuerzo por hacer la historia, serán la mejor restricción de tus aportes a la historia y fracasarás en tu intento de impactar a la eternidad. Si no vives lo que predicas a otros, te descalificas a ti mismo del sumo llamado de Dios, tal como nosotros lo hicimos.»

«No creo que siquiera pueda considerar buscar un llamado superior», interrumpí. «Ni siquiera merezco estar sentado aquí, en este lugar que ustedes dicen es el sitio más bajo del cielo. ¿Cómo puedo siquiera considerar la búsqueda de un llamado mayor?»

«El llamado superior no está fuera de alcance para ninguno de los cuales el Señor haya llamado. Te diré lo que puede mantenerte en el camino de la vida: el amor al Salvador y la búsqueda de su gloria. Todo lo que hagas para exhaltarte a ti mismo, tan solo traerá algún día la más terrible humillación. Todo lo que hagas por causa del amor verdadero por el Salvador, para glorificar su nombre, extenderá los límites de su reino eterno y finalmente resultará en un lugar más alto para ti mismo. Vive por aquellas cosas que se registran aquí; que no te importen las cosas que se registran en la tierra.»

La pareja partió con un abrazo alegre, todavía yo sentía de todo, menos alegría. A medida que se alejaban, nuevamente me sentía sobrecogido por mis propios pecados. Sobre mí, como una cascada, comenzó a caer el recuerdo de las veces en que había utilizado a la gente para mis propios propósitos, e incluso cuando había usado el nombre de Jesús para adelantar mis ambiciones, o para hacerme a mí mismo parecer mejor. Aquí, en este lugar donde podía contemplar el poder y la gloria de Aquel a quien había usado, esto llegó a ser más repulsivo de lo que podía soportar. Caí sobre mi rostro en la desesperación más tremenda que hasta ese entonces hubiera experimentado. Después de lo que parecía una eternidad de haber visto a estas personas y sucesos que pasaron delante de mí, sentí que la esposa del reformador me levantaba sobre mis pies nuevamente. Me sobrecogía su pureza, especialmente ahora que me sentía tan malvado y corrupto. Tenía un deseo muy fuerte de adorarla debido a su pureza.

«Mira al Hijo», dijo ella enfáticamente. «Tu deseo de adorarme a mí o a cualquier otra persona en este momento es tan solo un intento de sacar la atención de ti y justificarte tratando de ser lo que no eres. Yo soy pura ahora porque miré hacia Él. Necesitas ver la corrupción que está en tu propia alma, pero luego no debes permanecer en ti mismo, ni buscar justificarte con obras muertas, sino buscarlo a Él.»

Esto fue dicho en amor tan genuino que era imposible sentirse herido y ofendido. Cuando ella vio que había comprendido, continuó: «La pureza que viste en mí fue lo primero que mi esposo vio en mí cuando éramos jóvenes. Mis intenciones eran relativamente puras en aquel entonces, pero corrompí su amor y mi propia pureza permitiéndole que me adorara equívocamente. Nunca se puede llegar a ser puro mediante la adoración de aquellos que son más puros que uno mismo. Se debe transcender para encontrar a Aquel que los ha hecho puros, y sólo a Aquel en quien no hay pecado. Mientras la gente más nos alababa y mientras más aceptábamos sus alabanzas, más nos fuimos alejando del camino de la vida. Luego comenzamos a vivir para obtener las alabanzas de los hombres y para ganar poder sobre aquellos que no nos alababan. Este fue nuestro legado, y fue igual para muchos que están aquí, en el lugar más bajo.»

Deseando simplemente prolongar nuestra conversación, hice la próxima pregunta que vino a mi mente: «¿Es difícil para ti y para tu esposo estar aquí juntos?» «De ninguna manera. Todas las relaciones que se tuvieron en la tierra continúan aquí, y todas ellas son purificadas mediante el juicio, y por el hecho de que ahora son espirituales, así como nosotros somos espíritus. Mientras más perdonado seas, más amas. Después que nos perdonamos el uno al otro, nos amamos mucho más. Ahora nuestra relación continúa en una mayor profundidad y riqueza porque somos coherederos de esta salvación. Así como eran de profundas las heridas que nos infringimos el uno al otro, el amor fue capaz de brotar cuando fuimos sanos. Hubiésemos podido haber experimentado esto en la tierra, pero no aprendimos el perdón en aquel entonces. Si hubiéramos aprendido a perdonar, la competencia que entró a nuestra relación y desvió nuestras vidas no hubiese podido echar raíz en nosotros. Si realmente amas, realmente perdonarás. Mientras más duro te resulta perdonar, más lejos estás del amor verdadero. El perdón es esencial o te tropezarás, y de muchas formas te desviarás del curso que se ha escogido para ti.»

Al mismo tiempo me di cuenta que esta mujer, quien me había traído a esta confrontación con tanto dolor por mi propia depravación, era también la persona más atractiva que hubiera conocido en mi vida. No era una atracción romántica, sino simplemente no quería irme de su lado. Percibiendo mis pensamientos, tomó un paso hacia atrás indicando que estaba próxima a irse, pero me ofreció una última mirada introspectiva.

«La verdad pura, hablada en amor puro, siempre atraerá. Recordarás el dolor que has sentido y te ayudará durante el resto de tu vida. El dolor es bueno; te muestra donde hay un problema. No procures reducir el dolor hasta que hayas encontrado el problema. La verdad de Dios con frecuencia trae dolor, ya que resalta un problema que tenemos, pero sus verdades siempre nos mostrarán el camino a la libertad. Cuando eres consciente de esto comenzarás a regocijarte en tus pruebas, las cuales todas son permitidas para ayudarte a mantenerte en el camino de la vida.»

«También, tu atracción para conmigo no está fuera de lugar. Es la atracción entre hombre y mujer que fue dada en el principio, que siempre es pura en su verdadera forma. Cuando la verdad pura se combina con amor puro, los hombres pueden ser aquello para lo cual fueron creados, sin tener que dominar a causa de su inseguridad. Esto no es más que lujuria, la cual es la más baja profundidad en la cual cae el amor a causa del pecado. Con el amor verdadero, los hombres se vuelven verdaderos hombres y las mujeres pueden ser aquello para lo cual fueron creadas, porque su amor ha reemplazado su temor. El amor nunca procurará manipular ni controlar a causa de la inseguridad, porque el amor hecha fuera el temor. Justo el lugar donde las relaciones pueden ser más corruptas es también el mismo lugar donde pueden dar el mayor fruto de realización, después que la redención haya trabajado en ellos. El verdadero amor es una prueba del Cielo, y la lujuria es la perversión última del enemigo de aquella gloria del Cielo. Recién en el grado en que uno esté libre de la lujuria sobre la tierra, en aquel grado comenzarás a experimentar el Cielo.»

«Pero no creo haber sentido ninguna lujuria aquí, ni para contigo», protesté suavemente. «Por el contrario, estaba sorprendido de poder contemplar a alguien con tu belleza y no sentir deseos.» «La razón es porque estás aquí. La luz de su gloria hecha fuera toda oscuridad. Pero si no estuvieses aquí, la lujuria te estaría sobrecogiendo ahora», dijo ella.

«Estoy seguro que tienes razón. ¿Podemos estar libres de esta terrible perversión sobre la tierra?», clamé. «Sí. A medida que tu mente es renovada mediante el Espíritu de Verdad, no verás las relaciones como oportunidades para conseguir cosas de otros, sino para dar. El dar provee la realización más grande que podamos conocer. Las relaciones humanas más maravillosas son tan solo un vistazo fugaz del éxtasis que viene cuando nos damos a nosotros mismos al Señor, en adoración pura. Lo que experimentamos en adoración aquí, tu cuerpo no glorificado y frágil no lo podría soportar. La verdadera adoración de Dios purificará el alma para la gloria de las verdaderas relaciones. Por lo tanto, no debes buscar relaciones, sino verdadera adoración. Solo entonces pueden las relaciones comenzar a ser lo que deberían ser. El verdadero amor nunca busca ser primero, ni estar en control, sino por el contrario estar en el lugar de servicio. Si mi esposo y yo hubiésemos mantenido esto en nuestro matrimonio, estaríamos sentados al lado del Rey ahora, y este gran salón estaría lleno con muchas más almas.»

Con esto desapareció nuevamente dentro de las filas de los santos glorificados. Miré nuevamente hacia el trono y me sorprendí debido a que la gloria parecía ser más hermosa que antes. Otro hombre parado cerca a mí explicó: «Con cada encuentro, un velo es removido de manera que puedas verlo a Él más claramente. No eres transformado solamente al ver su gloria, sino al verlo con un rostro sin velo. Todo aquel que viene a los verdaderos juicios de Dios camina por un corredor como este, para encontrarse con aquellos que pueden ayudar a remover cualquier velo que aún tengan puesto, aquellos velos que distorsionan la visión de Él.»

Ya había absorbido más comprensión de la que sentía que mis muchos años de ministerio sobre la tierra me habían dado. Luego comencé a sentir que todo mi estudio y búsqueda sobre la tierra tan sólo me habían conducido hacia adelante al ritmo de un caracol.

¿Cómo podría el vivir muchas vidas prepararme para el juicio? ¡Mi vida ya me había descalificado más que todos aquellos con quienes me había encontrado, y estos casi no habían podido llegar aquí! «¿Cómo podían tener alguna esperanza aquellos a quienes no les fue dada la gracia de esta experiencia?», pregunté.

Escuché una nueva voz: «Lo que estás experimentando aquí te ha sido dado sobre la tierra. Cada relación, cada encuentro con otra persona podría enseñarte lo que estás aprendiendo aquí si mantienes ese manto de humildad puesto, y aprender siempre a mantener tu atención fija en la gloria de Él. Se te está dando esta experiencia ahora porque tú escribirás la visión, y aquellos que la lean la comprenderán. Muchos, entonces, podrán llevar la gloria y el poder que deben llevar en la última batalla.»

Estaba sorprendido al reconocer que este hombre era un contemporáneo mío, y que yo no sabía que había muerto. Nunca lo había conocido sobre la tierra, pero tenía un gran ministerio el cual yo respetaba mucho. A través de hombres a quien él había entrenado, miles habían sido conducidos a la salvación y muchas iglesias grandes habían sido edificadas, casi todas devotas al evangelismo. Me preguntó si me podía abrazar por un minuto. Yo estuve de acuerdo, sintiéndome un tanto molesto. Cuando nos abrazamos, sentí tanto amor viniendo de él que cesó un gran dolor profundo dentro de mí. Me había acostumbrado tanto al dolor que ni siquiera lo notaba hasta que dejó de doler. Después que me soltó le dije que su abrazo me había sanado de algo. Su gozo por esta causa era profundo. Luego comenzó a decirme por qué él estaba en el rango más bajo del cielo.

«Llegué a enorgullecerme tanto hacia el final de mi vida que no podía imaginar que el Señor pudiera hacer algo a menos que lo hiciera a través mío. Comencé a tocar a los ungidos del Señor y a hacer daño a sus profetas. Era egoísta y orgulloso cuando el Señor utilizaba a uno de mis discípulos, y llegué a sentirme celoso cada vez que el Señor se movía a través de otra persona que estuviese fuera de mi propio ministerio. Buscaba cualquier cosa que estuviese errada en ellos para exponerlos. No sabía que cada vez que hacía esto tan sólo me degradaba más a mí mismo.»

«Nunca supe que habías hecho algo como esto», dije sorprendido. «No lo hice yo solo, pero incité a hombres bajo mi autoridad a que investigaran a otros e hicieran el trabajo sucio. Hice que recorrieran la tierra para encontrar cualquier error o pecado en la vida de otros, de manera que los pudiera exponer. Llegué a ser la peor cosa que un hombre puede llegar a ser sobre la tierra —una piedra de tropiezo, que producía otras piedras de tropiezo. Sembrábamos temor y división en la iglesia, todo en nombre de proteger la verdad. En mi propia justicia estaba liderando hacia la perdición. En su gran misericordia, el Señor me permitió ser golpeado por una enfermedad que traería en mí una muerte lenta y humillante. Justo antes de morir entré en razón y me arrepentí. Simplemente, estoy agradecido de poder estar aquí. Podría ser uno de los menores aquí, pero es mucho más de lo que merezco. No puedo irme de este salón hasta haber tenido la oportunidad de pedirle perdón a aquellos de ustedes a quienes tanto mal les hice.»

«Pero nunca me hiciste daño», dije. «¡Oh, sí lo hice!», respondió. «Muchos de los ataques que vinieron en contra tuya fueron de parte de aquellos a quienes había agitado y motivado en sus ataques para con otros. Aunque tal vez no llevé a cabo esos ataques personalmente, el Señor me mantiene tan responsable como aquellos que lo hicieron.»

«Entiendo. ¡Por supuesto que te perdono...!»

Estaba comenzando a recordar cómo yo había hecho estas mismas cosas, aunque en menor grado. Recordé cómo había permitido que antiguos miembros descontentos de una iglesia desparramaran su veneno sin haberlos detenido. Sabía que simplemente por permitirles que hicieran esto, sin corregirlos, los había motivado a que continuaran. Recuerdo haber pensado que esto se justificaba debido a los errores de aquella iglesia. Luego comencé a recordar cómo incluso había repetido muchas de sus historias, justificándolo bajo el disfraz de estar colocándolos en la lista de oración. Luego una gran inundación de otros incidentes tales como este comenzó a surgir en mi corazón. Nuevamente, comenzaba a sentirme sobrecogido por el mal y la oscuridad de mi propia alma.

«¡Yo también he sido una piedra de tropiezo!», me lamenté. Sabía que merecía la muerte, que merecía el peor de los infiernos. Nunca había visto tanta falta de piedad y crueldad como ahora la veía en mi propio corazón.

«Y siempre nos confortábamos a nosotros mismos, pensando de hecho que estábamos haciéndole a Dios un favor cuando atacábamos a sus propios hijos», fueron las palabras comprensivas por parte de este hombre. «Es bueno que veas esto aquí, porque puedes regresar. Por favor, advierte a mis discípulos de su destino inminente si no se arrepienten. Muchos de ellos han sido llamados a ser reyes aquí, pero si no se arrepienten confrontarán el peor de los juicios: el de ser piedras de tropiezo. La enfermedad que me humilló fue gracia de parte de Dios. Cuando estuve de pie delante del Trono pedí al Señor que enviara esta gracia a mis discípulos. No puedo cruzar de nuevo hacia donde ellos están, pero Él me ha permitido tener este tiempo contigo. Por favor, perdona y libera a aquellos que te han atacado. Realmente no comprenden que están haciendo el trabajo del Acusador. Gracias por perdonarme, pero también perdónalos a ellos. Está en tu poder el retener los pecados o cubrirlos con amor. Te suplico que ames a aquellos que son tus enemigos.»

Casi no podía escuchar a este hombre, puesto que estaba sobrecogido por mi propio pecado. Él era glorioso y puro, y ahora obviamente tenía poderes que no eran conocidos sobre la tierra. Sin embargo, me estaba rogando con una gran humildad. Sentía tal grado de amor que procedía de él que no podía imaginarme rechazando su solicitud. Pero aun sin el impacto de su amor, sentía mucha más culpabilidad de lo que cualquier persona que me estuviese atacando pudiese sentir.

«Ciertamente debo merecer cualquier cosa que me hayan hecho y mucho más», respondí.

«Eso es cierto, pero no es el punto aquí», suplicó. «Todos los que están sobre la tierra merecen la segunda muerte, pero nuestro Salvador nos trajo gracia y verdad. Si hemos de hacer su trabajo debemos hacer todo tanto en gracia como en verdad. La verdad sin la gracia es lo que el enemigo trae cuando viene como "Ángel de Luz".»

«Si puedo ser liberado de esto, tal vez sea capaz de ayudarlos a ellos», respondí. «¿Pero no se dan cuenta que estoy bastante peor de lo que ellos puedan estar?»

«Sé que lo que acaba de pasar por tu memoria fue malo», respondió él, aunque con un amor y una gracia que eran profundas.

Sabía que ahora estaba tan preocupado por mí y por mi condición como lo había estado por sus propios discípulos.

«Este realmente es el Cielo», irrumpí diciendo. «Esto realmente es luz y verdad. ¿Cómo podemos nosotros, los que vivimos en tanta oscuridad, llegar a ser tan orgullosos, creyendo que sabemos tanto acerca de Dios? ¡Señor!», grité en dirección al Trono, «¡Por favor, déjame ir y llevar esta luz de nuevo a la tierra!» Inmediatamente las huestes enteras del cielo parecían estar de pie en atención, y sabía que yo era el centro de su atención. Me sentí muy insignificante delante de tan sólo uno de estos gloriosos, mas cuando supe que todos me miraban, un temor me sobrevino como un maremoto. Sentía que no podía haber un juicio como el que yo estaba próximo a experimentar. Sentía como si fuese el más grande de los enemigos de la gloria y la verdad que llenaban aquel lugar.

Luego pensé acerca de mi solicitud de regresar. Estaba demasiado corrupto; nunca podría representar adecuadamente tal gloria y verdad. No habría forma en que yo pudiera, en mi corrupción, transmitir la realidad de aquel lugar y presencia gloriosos. Sentía que incluso Satanás no había caído tan bajo como yo. «Este es el infierno», pensé. No podría haber un dolor peor que el de ser tan malvado como yo, y saber que este tipo de gloria existía. El ser excluido para siempre de aquí sería una tortura peor de la que había temido. «¡Con razón que los demonios están tan airados y dementes!», dije en voz baja.

Justo cuando sentí que sería enviado a una de las regiones más profundas del infierno, simplemente clamé: «¡JESÚS!» Rápidamente una paz me sobrevino. Sabía que tenía que continuar hacia la gloria nuevamente, y en cierta forma tenía la confianza para hacerlo. Continué moviéndome hasta que vi un hombre a quien consideré ser uno de los más grandes escritores de todos los tiempos. Había considerado la profundidad de su percepción con respecto a la verdad como posiblemente la más grande que hubiese encontrado en todos mis estudios.

«Señor, siempre he anhelado este encuentro», casi dije. «Tal como yo», respondió él con sinceridad genuina. Estaba sorprendido por este comentario, pero me hallaba tan emocionado de conocerlo que continué: «Siento que lo conozco, y en sus escritos sentía casi como que usted, de cierta forma, me conocía a mí. Creo que le debo más a usted que a cualquier otra persona que no haya sido canonizada en la Escritura», continué.

«Eres muy amable», respondió él. «Pero lamento el que no te haya podido servir mejor. Yo era una persona superficial, y mis escritos también lo eran; estaban más llenos de sabiduría mundana que de verdad divina.»

«Desde que he estado aquí y he aprendido todo lo que he aprendido, sé que esto debe ser verdad, porque usted tan solo puede hablar la verdad aquí, pero es difícil para mí entenderlo. Pienso que sus escritos son de los mejores que tenemos en la tierra», respondí.

«Tienes razón», admitió con sinceridad este escritor famoso. «Es demasiado triste. Todos aquí, incluso aquellos que se sientan más cerca al Rey, vivirían sus vidas en forma diferente si las tuvieran de nuevo para vivir, pero creo que viviría la mía en forma aun más distinta que la mayoría. Fui honrado por reyes, pero le fallé al Rey de reyes. Usé los grandes dones y percepciones que me fueron dados para traer a los hombres más hacia mí mismo y mi sabiduría que hacia Él. Además, sólo lo conocía a Él de oídas, lo cual era la forma en que imponía a otros hombres que lo conocieran. Los hacía dependiente de mí y de otros como yo. Los dirigí a un razonamiento deductivo más que al Espíritu Santo, a quien casi no conocía. No dirigí a los hombres hacia Jesús, sino hacia mí mismo y hacia otros como yo, quienes pretendíamos conocerlo. Cuando lo contemplé aquí, quería destruir mis escritos y volverlos polvo, de igual forma como Moisés lo hizo con el becerro de oro. Mi mente era un ídolo, y quería que todos adoraran mi mente junto conmigo. Tu estima por mí no me trae regocijo. Si el tiempo que dediqué para conocerlo a fin de impresionar a otros, lo hubiera dedicado a buscarlo realmente, muchos de aquellos que están en las compañías más bajas estarían sentados en los tronos que fueron preparados para ellos, y muchos otros estarían en este salón.»

«Sé que lo que estás diciendo acerca de tu trabajo debe ser verdad, pero ¿no estás siendo demasiado severo contigo?», interrogué. «Tus obras me alimentaron espiritualmente durante muchos años, como sé que ha sucedido con una multitud de personas.»

«No estoy siendo duro conmigo mismo. Todo lo que he dicho es verdad, ya que fue confirmado cuando estuve delante del trono. Produje mucho, pero recibí muchos más talentos que la mayoría de las personas aquí, y los enterré bajo mi propio orgullo y ambiciones espirituales. De igual manera como Adán pudo haber llevado a toda la raza humana hacia un futuro glorioso, pero debido a su fracaso condujo a billones de almas al peor de los juicios, con la autoridad también viene la responsabilidad. Mientras más autoridad te sea dada, más potencial tendrás tanto para el bien como para el mal. Aquellos que reinarán con Él por las edades de las edades conocerán la responsabilidad más profunda. Ningún hombre está de pie solo, y todo fracaso humano o victoria resuena más allá de nuestra compresión, incluso hasta las generaciones por venir.»

Estaba pensando acerca de cómo este hombre había escrito con las frases más bellas y articuladas, sintiendo que él era la misma definición de un «forjador de palabras», un artesano que volvía las palabras en obras de arte. Pero aquí hablaba como un hombre común, sin la elocuencia por la cual sus escritos eran tan bien conocidos. Sabía que él conocía lo que estaba pensando, como todos allí, pero continuó con lo que él obviamente pensaba era más importante. «Si hubiese buscado al Señor en lugar del conocimiento acerca suyo, muchos miles a quienes pude haber conducido con éxito hubiesen resultado en muchos millones aquí ahora. Cualquiera que comprende la verdadera naturaleza de la autoridad, nunca la buscaría, sino que la aceptaría cuando estuviesen convencidos de estar en yugo con el Señor, el único que puede llevar autoridad sin tropezar. Nunca busques influencias para ti mismo, busca tan sólo al Señor y está deseoso de llevar su yugo. Mi influencia no alimentó tu corazón, sino mas bien tu orgullo por el conocimiento.»

«¿Cómo puedo saber que no estoy haciendo lo mismo?», pregunté mientras comenzaba a meditar sobre mis propios escritos. «Estudia para mostrarte a ti mismo aprobado ante Dios, no ante los hombres», respondió mientras regresaba a la formación. Antes que desapareciera se volteó y con una leve sonrisa ofreció la última gragea de consejo: «...Y no me sigas.»

En esta primera multitud vi muchos otros hombres y mujeres de Dios, tanto de mi propio tiempo como de la historia. Me detuve y hablé con muchos más. Continuamente me sentía sacudido a causa de ver que tantos de quienes había esperado que ostentaran los cargos más altos, se encontraban en los rangos más bajos del Reino. Muchos compartieron la misma historia básica: todos habían caído en el pecado mortal del orgullo después de sus grandes victorias, o habían caído en celos cuando otros eran ungidos tanto como ellos lo habían sido. Otros habían caído en lujuria, desánimo o amargura al final de sus vidas, y tuvieron que ser llevados antes de cruzar la línea de la perdición. Todos me hicieron la misma advertencia: mientras más alta sea la autoridad espiritual en la cual tú caminas, más a fondo puedes caer si no tienes amor y humildad.

A medida que continuaba hacia el Trono del Juicio comencé a pasar a aquellos con rangos más altos en el Reino. Después que muchos velos más me habían sido quitados, mediante encuentros con aquellos que habían tropezado con los mismos problemas que tenía, comencé a conocer a algunos de los que habían vencido. Conocí parejas que habían servido al Señor y el uno al otro fielmente hasta el fin. Su gloria aquí era indescriptible, y su victoria me motivó sabiendo que era posible permanecer en el camino de la vida y servirle a Él en fidelidad. Aquellos que tropezaron lo hicieron en formas distintas. Los que permanecieron, lo hicieron de la misma forma: no se desviaron de su devoción al primer y mayor mandamiento: amar al Señor. Así su servicio fue realizado para Él, no para los hombres, ni siquiera para los hombres espirituales. Estos eran los que adoraban al Cordero y lo seguían a donde quiera que iba.

Cuando aún no había llegado ni siquiera a la mitad del camino hacia el trono, lo que había sido la gloria indescriptible del primer rango, ahora parecía la oscuridad externa en comparación con la gloria de aquellos por cuyo lado pasaba. La mayor belleza sobre la tierra no calificaría para ser hallada en ningún lugar en el Cielo. ¡Y se me había dicho que este salón era tan solo el umbral de esferas indescriptibles!

Mi marcha hacia el trono pudo haber tomado días, meses o incluso años. No había forma de medir el tiempo en aquel lugar. Todo el mundo allí mostraba respeto para conmigo, no a causa de quien yo era ni por nada de lo que hubiese hecho, sino simplemente porque era un guerrero en la batalla de los últimos días. De cierta forma, a través de esta última batalla la gloria de Dios iba a ser revelada, de tal manera que sería testigo ante cualquier poder y autoridad, creada o aun por ser creada, para toda la eternidad. Durante esta batalla la gloria de la cruz sería revelada y la sabiduría de Dios sería manifiesta de una forma especial. El estar en la batalla era uno de los honores posible más grandes que se me hubiera otorgado.

A medida que me aproximaba al Trono del Juicio de Cristo, aquellos en los rangos más altos también estaban sentados en tronos que eran todos parte de su trono. Aun el menor de estos era mucho más glorioso que cualquier trono terrenal. Algunos eran gobernantes de ciudades en la tierra, quienes pronto tomarían sus lugares. Otros reinaban sobre asuntos celestiales, y otros más lo hacían en asuntos de la creación física, como por ejemplo los sistemas estelares y las galaxias. Sin embargo, era aparente que aquellos a quienes se les otorgó autoridad sobre ciudades eran estimados por encima de aquellos que habían recibido autoridad sobre las galaxias. El valor de un solo niño sobrepasaba el de una galaxia de estrellas, porque el Espíritu Santo moraba en los hombres y el Señor había escogido a los hombres como su lugar de morada eterna. En la presencia de su gloria toda la tierra parecía tan insignificante como un punto de polvo, y sin embargo era tan infinitamente estimada que la atención de toda la creación estaba sobre ella.

Ahora que estaba de pie delante del trono, me sentía aun más bajo que una mancha de polvo. Aun así, sentía al Espíritu Santo sobre mí en una forma mayor de lo que jamás había sentido. Era sólo por su poder que podía estar de pie. Fue aquí donde realmente llegué a comprender su ministerio como el Confortador. Me había conducido a lo largo de toda la trayectoria, aunque durante la mayor parte del tiempo había estado inconsciente de su presencia.

El Señor era tanto más manso y más terrible de lo que yo jamás hubiera imaginado. En Él veía a Sabiduría, quien me había acompañado en la montaña. También sentía, de cierta forma, la familiaridad de muchos de mis amigos sobre la tierra, por lo cual comprendí que Él me había hablado con frecuencia a través de ellos. También lo reconocí como Aquel que con frecuencia había rechazado cuando había venido a mí a través de otros. Vi tanto al León como al Cordero, al Pastor y al Novio, pero principalmente lo vi como el Juez.

Aun en su presencia asombrosa, el Confortador estaba poderosamente conmigo, de tal forma que me sentía cómodo. Era claro que el Señor no quería de ninguna forma que me sintiera incómodo; Él tan sólo deseaba que conociera la verdad. Las palabras humanas no son adecuadas para describir ni cuán asombroso ni cuán confortante fue el estar de pie delante de Él. Había pasado el punto en donde estaba preocupado por si el juicio iba a ser bueno o malo; solo sabía que era correcto y que podía confiar en mi juez.

En cierto momento el Señor miró hacia las galerías de tronos a su alrededor. Muchos estaban ocupados, pero muchos otros estaban vacíos. Entonces dijo: «*Estos tronos son para los vencedores que me han servido fielmente en cada generación. Mi Padre y yo los hemos preparado desde antes de la fundación del mundo. ¿Eres digno de sentarte en uno de estos?*»

Recordé lo que un amigo había dicho en cierta ocasión: «Cuando el Dios Omnisciente te haga una pregunta, no es porque Él esté buscando información.» Miré los tronos. Miré a estos quienes ahora estaban sentados. Podía reconocer algunos de los grandes héroes de la fe, pero sabía que la mayoría de ellos ni siquiera habían sido siquiera bien conocidos en la tierra. Muchos habían sido misioneros, quienes habían desgastado sus vidas en la oscuridad. Nunca les había interesado ser recordados en la tierra, sino que deseaban ser tan sólo recordados por Él. Estaba sorprendido al ver algunos de los que habían sido ricos, o gobernantes quienes habían sido fieles con lo que habían recibido. Sin embargo, parecía que las mujeres fieles que oraban y las madres ocupaban más tronos que cualquier o grupo en particular.

De ninguna manera podía responder «sí» a la pregunta del Señor, acerca de si me consideraba a mí mismo digno de sentarme allí. No era digno de sentarme en la compañía de ninguno de los presentes. Sabía que había recibido la oportunidad de correr por el premio más grande del cielo o la tierra y había fracasado. Me sentía desesperado, pero aún quedaba una esperanza. Aunque la mayor parte de mi vida había sido un fracaso, sabía que estaba aquí antes de haber terminado mi vida terrenal. Cuando confesé que no era digno, Él preguntó: *«Pero, ¿quieres esta silla?»* «La anhelo con todo mi corazón», respondí.

El Señor miró a las galerías y dijo: *«Aquellos tronos vacíos pudieron haber sido llenados en cualquier generación. Yo ofrecí la invitación para sentarse aquí a cualquiera que fuera llamado en mi nombre. Aún están disponibles. Ahora ha llegado la última batalla y muchos de los postreros serán los primeros. Estas sillas estarán llenas antes que la batalla se termine. Aquellos que se sienten aquí serán conocidos por dos cosas: tendrán puesto el mando de la humildad, y serán conformes a mi imagen. Ahora tienes el manto. Si puedes mantenerlo puesto y no lo pierdes en la batalla, cuando regreses también tendrás mi semejanza. Entonces serás digno de sentarte con estos, porque yo te habré hecho digno. Toda la autoridad y el poder me han sido dados, y tan sólo yo puedo ejercerlos. Prevalecerás y te será encomendada mi autoridad sólo cuando hayas llegado a permanecer completamente en mí. Ahora date vuelta y mira mi casa.»*

Volteé y miré hacia atrás, en dirección al lugar desde donde había venido. Delante de su trono podía ver el salón completo. El espectáculo estaba más allá de cualquier comparación en cuanto a su gloria. Millones llenaban las filas. Cada individuo en la fila más baja era más sorprendente que un ejército y tenía más poder. Sobrepasaba mi capacidad el poder absorber tal panorama de gloria. Aun así, podía ver que solo una pequeña porción de aquel gran salón estaba ocupado.

Luego miré atrás al Señor y estaba atónito al ver lágrimas en sus ojos. Él había limpiado toda lágrima de los ojos de quienes aquí estaban, a excepción de las propias. A medida que una lágrima rodaba por su mejilla, la dejó caer en su mano. Luego me la ofreció.

«Esta es mi copa. ¿La tomarás conmigo?»

De ninguna manera podía rehusarle a Él. A medida que el Señor continuó mirándome, comencé a sentir su gran amor. Aun tan tonto como era, todavía me amaba. Tan inmerecedor como era, Él quería que yo estuviera cerca suyo. Luego dijo: «*Amo a todos estos con un amor que tú ahora no puedes comprender. También amo a todos aquellos que deberían estar aquí pero que no llegaron. He dejado a las noventa y nueve para ir tras aquella que estaba perdida. Mis pastores no dejarían ir a una tras las noventa y nueve que aún están perdidas. Vine a salvar a los perdidos. ¿Compartirás el dolor de mi corazón para ir a salvar a los perdidos? ¿Me ayudarás a llenar esta habitación? ¿Me ayudarás a llenar estos tronos y cada una de las sillas de este pasillo? ¿Abordarás esta búsqueda para traer gozo al Cielo, a mí y a mi Padre? Este juicio es para mi propia casa, y mi casa aún no está llena. La última batalla no habrá terminado hasta que mi casa esté llena. Solo entonces será tiempo para que redimamos la tierra y removamos todo el mal de mi creación. Si tomas mi copa, amarás a los perdidos de la manera en que yo los amo.*»

Luego tomó una taza tan simple que parecía fuera de lugar en un salón de tanta gloria y colocó su lágrima en él. Después me la dio. Nunca había probado algo tan amargo. Sabía que de ninguna manera la podría tomar toda, ni siquiera la mayor parte, pero había determinado beber cuanto pudiera. El Señor esperó pacientemente hasta que finalmente irrumpí en tal llanto que sentía como ríos de lágrimas fluyendo de mí. Lloraba por los perdidos, pero aun más, estaba llorando por el Señor.

Lo miré con desesperación, ya que no podía resistir más de este gran dolor. Luego su paz comenzó a llenarme y a fluir junto con su amor que ya estaba sintiendo. Nunca había sentido algo tan maravilloso. Esta era el agua viva que yo sabía podía brotar para la eternidad. Luego sentí como si las aguas que fluían dentro de mí prendían fuego. Comencé a sentir que este fuego me consumiría si no estaba declarando la majestad de su gloria. Nunca había sentido tal impulso de predicar, de adorarlo y de respirar cada soplo que recibiese a causa de su evangelio.

«¡Señor!» Grité, olvidándome de todos menos de Él. «¡Ahora sé que este Trono del Juicio es también el trono de gracia, y ahora te pido la gracia de poderte servir! ¡Por sobre todas las cosas, pido tu gracia! Te pido la gracia para terminar mi camino. Te pido la gracia para amarte de esta manera, para ser liberado de los engaños y del egocentrismo que han pervertido mi vida. Yo clamo a ti por la salvación de mí mismo y del mal de mi propio corazón, y pido este amor que ahora siento para que fluya continuamente en mi corazón. Te pido que me des tu corazón, tu amor. Te pido la gracia del Espíritu Santo para convencerme de pecado. Te pido la gracia del Espíritu Santo para testificar de ti tal como realmente eres. Te pido la gracia de testificar de todo lo que has preparado para aquellos que vienen a ti. Te pido tener la gracia para predicar la realidad de este juicio. Te pido la gracia de compartir con aquellos que son llamados a ocupar estos tronos vacíos, para darles la palabra de vida que los mantendrá sobre el camino de la vida, que les impartirá fe para hacer lo que han sido llamados a hacer. Señor, te ruego por esta gracia.»

El Señor se puso de pie y todos aquellos que estaban sentados sobre los tronos hasta donde yo podía ver, se pusieron también de pie. Sus ojos ardían con fuego que antes no había visto.

«Has clamado a mí pidiéndome gracia. Esta solicitud nunca la niego. Regresarás y el Espíritu Santo estará contigo. Aquí has probado tanto mi bondad como mi severidad. Debes recordar ambas si has de permanecer en el camino de la vida. El verdadero amor de Dios incluye el juicio de Dios. Debes conocer ambos, tanto mi bondad como mi severidad, o caerás en engaño. Esta es la gracia que has recibido aquí: el conocer ambas. Las conversaciones que has tenido con tus hermanos aquí fueron mi gracia. Recuérdalas.»

Luego apuntó su espada sobre mi corazón, después hacia mi boca y luego hacia mis manos. Cuando hacía esto salía fuego de su espada y me quemaba. El dolor era tremendo. *«Esto también es mi gracia»*, dijo. *«Eres tan sólo uno de muchos que han sido preparados para esta hora. Predica y escribe acerca de todo lo que has visto aquí. Lo que te he dicho, cuéntalo a mis hermanos. Vé y llama a mis capitanes a la última batalla. Vé y defiende a los pobres y oprimidos, a las viudas y a los huérfanos. Esta es la comisión para mis capitanes y es aquí donde los encontrarás. Mis hijos valen más para mí que las estrellas de los cielos. Dale de comer a mis corderos. Cuida a mis pequeños. Entrega la palabra de Dios a ellos para que puedan vivir. Vé a la batalla. Vé y no te retires. Vé rápidamente porque yo vendré pronto. Obedéceme y apura el día de mi regreso.»*

Una compañía de ángeles vino luego y me escoltó, alejándome del trono. El líder caminaba a mi lado, y dijo: «Ahora que Él se ha puesto de pie, no se sentará nuevamente hasta que la última batalla termine. Él ha estado sentado hasta el tiempo cuando sus enemigos van a ser puestos bajo sus pies. El tiempo ha llegado. Las legiones de ángeles han estado de pie listas desde la noche de su pasión, y ahora han sido liberadas sobre la tierra. Las huestes del infierno también han sido liberadas. Este es el tiempo sobre el cual toda la Creación ha estado esperando. El gran misterio de Dios está próximo al desenlace. Ahora, lucharemos hasta el fin. Lucharemos contigo y con tus hermanos.»

PARTE V

Los vencedores

A medida que continuaba caminando en la dirección opuesta del Trono del Juicio, comencé a reflexionar en torno a todo lo que acababa de experimentar. Había sido tan terrible como maravilloso. Mi corazón había sido desafiado y quebrantado a la vez, sin embargo me sentía más seguro de nunca. No era fácil desnudarse frente a tantos, sin poder esconder siquiera un solo pensamiento. No obstante, cuando simplemente me relajé y lo acepté, sabiendo que eso estaba limpiando mi propia alma, llegó a ser algo profundamente liberador. El no tener nada para esconder era como quitarme el yugo y las cadenas más pesados. Comencé a sentir que podía respirar como nunca antes.

Mientras más cómodo llegué a estar, mi mente más comenzaba a multiplicar su capacidad. Luego comencé a sentir una comunicación que estaba sucediendo, de la cual ninguna palabra humana podía ser articulada. Pensé en los comentarios del apóstol Pablo acerca de su visita al tercer cielo, donde había escuchado palabras que no se podían expresar. Hay una comunicación espiritual que trasciende cualquier forma de comunicación humana. Esto es más profundo y significativo de lo que las palabras humanas son capaces de articular. En cierta forma, es una comunicación pura de la mente y corazón juntos, y es tan pura que no hay posibilidad de malas interpretaciones.

Mientras miraba a alguien en el salón comencé a comprender lo que estaba pensando, de igual manera como él había sido capaz de comprenderme. Cuando miré al Señor comencé a comprenderlo de la misma manera. Continuamos usando palabras, pero el significado de cada una tenía una profundidad que ningún diccionario hubiera captado. Mi mente había sido liberada de manera que su capacidad se había multiplicado varias veces. Esto era más estimulante que cualquier otra experiencia previa.

También era obvio que el Señor estaba disfrutando el poder comunicarse de esta manera conmigo, de igual manera como yo lo estaba sintiendo con Él. Nunca antes había comprendido tan profundamente lo que significaba que Él fuera la Palabra de Dios. Jesús es la comunicación de Dios a su creación. Sus palabras son espíritu y vida, y su significado y poder exceden en mucho nuestras definiciones humanas actuales. Las palabras humanas son una forma muy superficial de comunicación del espíritu. Él nos hizo capaces de comunicarnos en un nivel que transciende mucho más las palabras humanas, pero debido a la caída y el fracaso de la Torre de Babel, hemos perdido esta capacidad. No podemos ser lo que fuimos creados para ser hasta que volvamos a restaurar esto, y tan solo podremos recobrarlo cuando seamos liberados en su presencia.

Comencé a comprender que cuando la transgresión de Adán causó que se escondiera de Dios, fue el principio de la distorsión más terrible de lo que el hombre fue creado para ser, así como de una reducción severa de sus capacidades intelectuales y espirituales. Estàs pueden solamente ser restauradas cuando salimos de nuestros «escondites», abriéndonos a nosotros mismos a Dios y los unos a los otros, llegando a ser genuinamente transparentes. Es a medida que contemplamos la gloria del Señor con un «rostro sin velo» que somos transformados a su imagen. Los velos son ocasionados por nuestros escondites.

Cuando el Señor le preguntó a Adán dónde estaba después de la transgresión, fue su primer pregunta para el hombre y es la primera que debemos responder si hemos de ser plenamente restaurados ante Él. Por supuesto, el Señor sabía dónde estaba Adán. La pregunta era para Adán. Aquella pregunta fue el principio de la búsqueda del hombre por parte de Dios. La historia de la redención es la búsqueda por parte de Dios hacia el hombre, no la búsqueda del hombre para con Dios. Cuando podemos responder completamente esta pregunta, sabiendo dónde estamos en relación con Dios, seremos plenamente restaurados a Él. Solo podremos saber la respuesta a esta inquietud cuando estamos en su presencia.

Esa era la esencia de toda mi experiencia ante el Trono del Juicio. El Señor ya sabía todo lo que necesitaba saber acerca de mí. Era todo por causa mía, para que supiera dónde estaba en relación a Él. Era todo para sacarme fuera de mi escondite, para sacarme de la oscuridad a la luz.

También comencé a comprender cuánto el Señor deseaba ser *uno* con su pueblo. A través de todo el juicio Él no estaba tratando que yo viese algo como bueno o malo, sino verlo en unión con Él. El Señor estaba buscándome más de lo que yo lo estaba buscando a Él. Sus juicios me liberaron y su juicio del mundo liberará al mundo.

Cuando el Día del Juicio de Dios llegue traerá la liberación final de Adán, sacándolo de su escondite. Esta será la liberación final de Adán y también dará inicio a la liberación final de la Creación, la cual fue sujeta a cautiverio por causa de Adán. La oscuridad en el mundo fue perpetuada por el irresistible impulso de ocultamiento que diera inicio después de la Caída. «Caminar en la luz» es más que simplemente conocer y obedecer ciertas verdades; es ser verdadero y libre del irresistible deseo de esconderse.

«Caminar en la luz» significa no andar escondido de Dios ni de ninguna otra persona. La desnudez de Adán y Eva antes de la Caída no era tan solo física, sino también espiritual. Cuando nuestra salvación sea completa conoceremos este tipo de libertad nuevamente. El ser completamente abierto para con otros realmente abrirá nuestros propios corazones y mentes a una esfera que ahora ni siquiera sabemos que existe. Esto es lo que Satanás está intentando de falsificar mediante el movimiento de la Nueva Era.

Mientras caminaba meditando en todo lo que había aprendido, de repente el Señor apareció nuevamente a mi lado, en la forma de Sabiduría. Solo que esta vez apareció mucho más glorioso de lo que lo había visto antes, incluso cuando estaba en el Trono del Juicio. A la vez, yo me sentía atónito y con un profundo regocijo.

«Señor, ¿estás regresando conmigo así?», le pregunté. «*Siempre estaré contigo así. Sin embargo, quiero ser para ti aun más de lo que ahora ves. Has visto mi bondad y mi juicio, pero aún no me conoces plenamente como el Juez Justo.»*

Esto me sorprendió debido a que acababa de pasar todo este tiempo delante de su Trono del Juicio, y sentía que todo lo que había estado aprendiendo era acerca de sus juicios. Él hizo una pausa para dejar que esto penetrara en mí, y luego continuó: *«Hay libertad cuando percibes la verdad, pero a quien yo libero, es libre de veras. La libertad de mi presencia es mayor que simplemente la de conocer la verdad. Has experimentado la liberación en mi presencia, pero hay aún mucho más por comprender acerca de mis juicios. Cuando juzgo no busco condenar ni justificar, sino traer consigo justicia. La justicia tan solo se encuentra en unión conmigo. Es el juicio justo es traer a los hombres a la unión conmigo.*

»Mi iglesia ahora está vestida con vergüenza porque no tiene jueces. No tiene jueces porque ella no me conoce como el juez. Ahora levantaré jueces para mi pueblo quienes conocen mi juicio. No decidirán entre asuntos y personas, sino que harán bien las cosas, lo cual los pondrá de acuerdo conmigo.

»Cuando me aparecí a Josué como capitán de las huestes, declaré que no estaba ni a favor de él ni de sus enemigos. Nunca vengo para tomar partido. Cuando llego es para tomar control, no para tomar lados. Aparecí como el capitán de las huestes antes que Israel pudiera entrar a la Tierra Prometida. La iglesia está ahora a punto de entrar a su tierra prometida, y de nuevo estoy próximo a aparecer como el capitán de las huestes. Cuando lo haga quitaré a todo aquel que ha estado obligando a mi pueblo a tomar partido en contra de sus hermanos. Mi justicia no toma partido en los conflictos humanos, incluso en aquellos de mi propio pueblo. Lo que estuve haciendo a través de Israel lo hacía para sus enemigos también, no en contra de ellos. Es tan solo porque ustedes ven desde una perspectiva terrenal temporal que no pueden percibir mi justicia. Debes ver mi justicia para caminar en mi autoridad, porque la rectitud, la equidad y la justicia son el fundamento de mi trono.

»He otorgado rectitud al pueblo al que he escogido, pero como Israel en el desierto, aun los más santos de la era de la Iglesia se han alineado con mis caminos tan solo una ínfima parte del tiempo, o

con una pequeña porción de sus mentes y corazones. No estoy a favor de ellos ni en contra de sus enemigos, pero estoy viniendo para usar a mi pueblo para salvar a sus enemigos. Amo a todos los hombres, y deseo que todos sean salvos.»

No podía evitar el pensar en la gran batalla que habíamos luchado en la montaña. Herimos a muchos de nuestros hermanos mientras luchábamos en contra del mal que los controlaba. Había muchos de ellos aún en el campamento del enemigo, ya sea siendo utilizados por él, o mantenidos como prisioneros. Comencé a preguntarme si la próxima batalla sería en contra de nuestros hermanos nuevamente. El Señor me observaba mientras meditaba en todo esto; luego continuó: *«Mientras que la última batalla no haya terminado, siempre habrá algunos de nuestros hermanos que estarán siendo utilizados por el enemigo. Pero esta no es la razón por la cual te estoy diciendo esto ahora. ¡Te digo esto para ayudarte a ver cómo el enemigo entra en tu propio corazón y mente, y cómo te utiliza! Aun ahora, todavía no ves todo de la manera en que yo lo percibo.*

»Esto es común en medio de mi pueblo. En este momento, incluso mis más grandes líderes rara vez están en armonía conmigo. Muchos de ellos están haciendo buenas obras, pero muy pocos están haciendo lo que yo los he llamado a hacer. Este es el resultado de las divisiones entre ustedes. No vengo para tomar lados con un grupo, sino que estoy llamando a aquellos que quieran venir a mi lado.

»Te impresionas cuando te doy una "Palabra de Conocimiento" acerca de la enfermedad física de alguien, u otro conocimiento que tú no sabes. Este conocimiento viene cuando tocas mi mente tan solo en un pequeño grado. Yo sé todas las cosas. Si tuvieses mi mente plenamente, serías capaz de conocer todas las cosas acerca de todas las personas con quienes te encuentres, de igual manera como has comenzado a experimentarlo aquí. Verías a todos los hombres de la forma en que yo los veo. Pero incluso hay más al habitar plenamente en mí. Debes tener mi corazón para conocer cómo usar este conocimiento rectamente. Solo entonces tendrás mi juicio.

»Sólo puedo confiarte mi conocimiento sobrenatural en la medida en la que tú conozcas mi corazón. Los dones del Espíritu que he dado a mi Iglesia son tan solo pequeñas muestras de los poderes de

la era por venir. Te he llamado a ser mensajero de aquella era, y por lo tanto debes conocer sus poderes. Debes desear los dones con sinceridad porque son parte mía, y yo te los he dado para que puedas ser como yo. Estás en lo correcto al querer conocer mi mente, mis caminos y mis propósitos, pero también debes desear sinceramente conocer mi corazón. Cuando conozcas mi corazón, los ojos de tu corazón serán abiertos. Entonces verás como yo veo, y harás lo que yo hago.

»Estoy a punto de encomendar muchos más de los poderes de la era por venir a mi iglesia. Sin embargo, hay un gran engaño que con frecuencia viene sobre aquellos a quienes es encomendado este gran poder, y si no comprendes lo que estoy próximo a mostrarte, tú también caerás en este engaño.

»Has pedido mi gracia y la tendrás. La primera gracia que te mantendrá en el camino de la vida es conocer el nivel del engaño actual en el que vives. El engaño involucra cualquier cosa que no comprendes como yo la comprendo. El conocer el nivel de tu engaño actual trae humildad y yo doy mi gracia a los humildes. Por eso es que dije: "¿Quién es tan ciego sino mi siervo?" Por esto fue que les dije a los fariseos: "Es para juzgar al mundo que he venido ... para dar vista a los ciegos y enceguecer a los que ven ... Si fueses ciego no serías culpable, pero porque afirmas ver, tu pecado permanece." Este es el motivo por el cual, cuando llamé a mi siervo Pablo, mi luz irrumpió sobre él, cegándolo. Mi luz tan solo reveló su verdadera condición. Como él, tú debes ser golpeado y quedar ciego en lo natural, de manera que puedas ver mediante mi Espíritu.»

Luego me sentí impulsado a mirar a aquellos que estaban sentados sobre los tronos que estábamos pasando. Mientras lo hice, mi mirada cayó sobre un hombre que supe que era el apóstol Pablo. Al mirar de nuevo al Señor, me indicó que hablara con él.

«He deseado con ansias este encuentro», le dije, sintiéndome extraño aunque emocionado por este encuentro. «Sé que eres consciente de cuánto tus cartas han guiado a la Iglesia, y probablemente aún logran más que todo el resto de nosotros juntos. Aún eres una de las luces más grandes sobre la tierra.»

«Gracias», me dijo amablemente. «No obstante, no sabes cuánto hemos esperado nosotros encontrarnos contigo. Tú eres un soldado en la última batalla; ustedes son aquellos a quienes todos aquí hemos estado esperando conocer. Tan solo veíamos estos días oscuramente a través de nuestra visión profética limitada, pero tú has sido escogido para vivir estos tiempos. Eres un soldado preparándote para la última batalla. Ustedes son los que esperábamos.»

Aun sintiéndome confundido, continué: «Sin embargo, no hay forma en que pueda expresar el aprecio que sentimos por ti y por todos aquellos que ayudaron a dirigir nuestro camino con sus vidas y escritos. También sé que tendremos la eternidad para intercambiar nuestro aprecio, así es que, por favor, mientras estoy aquí, permíteme preguntarte, ¿en qué le dirías a mi generación que nos ayude en esta batalla?»

«Tan solo puedo decirles lo que ya les he dicho mediante mis escritos. Quisiera que los comprendieran mejor, sabiendo que no alcancé todo lo que fui llamado a hacer», afirmó Pablo, mirándome fijo a los ojos.

«Pero tú estás aquí, en uno de los tronos mayores. Aún estás cosechando más fruto para la vida eterna de lo que cualquiera de nosotros podría esperar cosechar», protesté.

«Por la gracia de Dios fui capaz de terminar mi camino, pero aún así no lo hice en todo lo que fui llamado a hacer. No alcancé los propósitos más altos por los que podría haber andado. Ninguno los ha alcanzado. Yo sé que algunos piensan que es blasfemia pensar en mí como cualquier cosa menos que el ejemplo más grande del ministerio cristiano, pero estaba siendo honesto cuando escribí ya cerca del final de mi vida, diciendo que yo era el más grande de los pecadores. No estaba diciendo que en algún momento hubiera sido el más grande de los pecadores, sino en ese momento era el más grande de los pecadores. Había recibido mucho en mi comprensión y caminaba muy poco en ella.»

«¿Cómo podía ser posible eso? Pensé que simplemente estabas haciéndote el humilde», interrogué. «La verdadera humildad es compromiso con la verdad. No temas. Mis cartas eran verdaderas y fueron escritas mediante la unción del Espíritu Santo. Sin embargo, recibí muchísimo y no utilicé todo lo que recibí. Yo tampoco lo alcancé. Ninguno aquí lo hemos alcanzado, excepto Uno. Pero en especial debes ver esto acerca de mí, porque muchos aún continúan distorsionando mis enseñanzas porque tienen una perspectiva distorsionada de mí.

»Tal como lo viste en la progresión de mis cartas, mis sentimientos fueron desde sentirme que no era inferior de los apóstoles, hasta llegar a pensar que era el más novicio y advenedizo de ellos, y por lo tanto el último de todos los santos, para finalmente darme cuenta que era el más grande de todos los pecadores. No estaba siendo simplemente humilde; estaba diciendo seriamente la verdad. Se me confió mucho; mucho más de lo que utilicé. Tan solo hay Uno aquí que creía plenamente, que obedecía completamente y que terminó completamente todo lo que se le había encomendado; pero, tú puedes caminar en mucho más de lo que yo hice.»

Mi respuesta fue endeble: «Sé que lo que dices es verdad, pero, ¿estás seguro que este es el mensaje más importante que puedes darnos para la última batalla?

«Estoy seguro», respondió con total convicción. «Aprecio mucho la gracia del Señor al usar mis cartas como lo ha hecho. Pero estoy preocupado con la forma en que muchos de ustedes las están usando equivocadamente. Son verdades del Espíritu Santo y son la Escritura. El Señor me dio grandes rocas para colocar en la estructura de su Iglesia eterna, pero no son piedras de fundamento. Las piedras del fundamento fueron puestas tan solo por Jesús. Mi vida y mi ministerio no son el ejemplo de lo que ustedes son llamados a ser. Tan solo lo es Jesús. Si lo que he escrito es utilizado como un fundamento, no podrá sostener el peso de aquello que necesita ser sobreedificado. Lo que he escrito debe ser edificado sobre el único Fundamento que puede soportar lo que ustedes están próximos a vivir; no debe ser utilizado como el fundamento. Deben ver mis enseñanzas a través de las enseñanzas del Señor, en vez de tratar de comprenderlo a Él desde mi perspectiva. Sus palabras son el fundamento; yo tan sólo he sobreedificado, elaborando sus palabras. La más grande sabiduría y las verdades más poderosas, son sus palabras, no las mías.

»También debes saber que no anduve en todo lo que estaba disponible para mí. Hay mucho más disponible para cada creyente, de manera que pueda caminar en ello más de lo que yo logré. Cada creyente verdadero tiene el Espíritu Santo dentro suyo. El poder de Aquel que creó todas las cosas vive dentro de ellos. El menor de todos los santos tiene el poder de mover montañas, de detener ejércitos o de levantar a los muertos. Si tú has de lograr todo lo que has sido llamado a hacer en tu día, mi ministerio no puede ser visto como lo mejor, sino como un punto de partida. Tu meta no debe ser la de ser como yo, sino la de ser como el Señor. Puedes ser como Él, hacer todo lo que Él hizo y aún más, porque Él reservó su mejor vino para el final.»

Yo sabía que solo la verdad podía ser hablada aquí. Sabía que lo que estaba diciendo Pablo era la verdad acerca de la forma en que muchos habían estado usando de manera equivocada sus enseñanzas como un fundamento, en lugar de edificar sobre el fundamento de los evangelios. Pero aun así era difícil para mí aceptar que Pablo no hubiese alcanzado a cumplir su llamado. Miré el trono de Pablo y la gloria de su ser. Era mucho más de lo que hubiese soñado que uno de los más grandes santos tendría en el Cielo. Era tan directo y resuelto como habían sido mis expectativas acerca de él. Me asombró cuán obvio era que aun estuviese preocupado por todas las iglesias. Lo había idolatrado y esta era una transgresión de la cual él procuraba liberarme. Aun así, él era mucho más grande que el Pablo que yo había idolatrado. Sabiendo lo que estaba pensando, puso ambas manos sobre mis hombros y me miró con determinación fija a los ojos.

«Yo soy tu hermano. Te amo como todos aquí te amamos. Pero debes comprender: nuestro trayecto ha terminado. Ya no podemos ni añadir ni quitar de lo que sembramos en la tierra, pero tú sí. Nosotros no somos tu esperanza. Ahora tú eres la nuestra. Aun en esta conversación tan solo puedo confirmar lo que ya he escrito, pero tú tienes mucho por escribir. Adora tan sólo a Dios y crece en todas las cosas en él. Nunca hagas de ningún hombre tu meta, sino tan solo Él. Muchos pronto caminarán sobre la tierra, haciendo mayores obras de la que nosotros hicimos. Los primeros serán postreros y los postreros primeros. Esto no nos incomoda. Es el gozo de nuestros corazones porque somos uno contigo. Mi generación fue utilizada para colocar y comenzar la edificación sobre el fundamento, y siempre tendremos aquel honor. Pero cada piso edificado sobre el fundamento debe ir más alto. No llegaremos a ser el edificio que se supone debemos ser, a menos que vayas más alto.»

Mientras meditaba, él me observaba de cerca. Luego continuó: «Hay dos cosas más que logramos en nuestro tiempo, las cuales la Iglesia perdió rápidamente y aún no han sido recuperadas. Tú las debes recuperar.»

«¿Cuáles fueron?», inquirí, sintiendo que lo que él estaba próximo a decir era más que un simple agregado a lo que ya había dicho. «Debes recuperar el ministerio y el mensaje», dijo él enfáticamente.

Miré al Señor y Él asintió ante su afirmación, añadiendo: *«Es correcto que Pablo te diga esto. Hasta este momento él ha sido el más fiel con ambos.»*

«Por favor, explícate», imploré a Pablo. «Bien», respondió. «A excepción de unos pocos lugares en el mundo donde ahora hay gran persecución o dificultades, casi no podemos reconocer ni el ministerio ni el mensaje que está siendo hoy predicado. Por lo tanto, la Iglesia es ahora casi un fantasma de lo que fue en nuestro tiempo, ¡y eso que nosotros estábamos lejos del llamado que teníamos! Cuando servíamos, el estar en el ministerio era el sacrificio mayor que uno podía hacer, y esto reflejaba el mensaje del sacrificio más grande que fue hecho: la cruz. La cruz es el poder de Dios y es el centro de todo por lo cual hemos sido llamados a vivir. Ahora tienes muy poco poder para transformar la mente y los corazones de los discípulos, debido a que la cruz no se vive ni se predica. Por lo tanto, tenemos dificultad al buscar la diferencia entre los discípulos y los paganos. Este no es el evangelio ni la salvación la cual nos fue encomendada. Debes retornar a la cruz.»

Habiendo dicho estas palabras, apretó mis hombros como un padre y luego regresó a su trono. Sentía como que había recibido tanto una bendición increíble como una profunda exhortación. Mientras me alejaba comencé a pensar en el nivel de salvación en la montaña, y los tesoros de la salvación que había visto dentro de ese monte. Comencé a ver que la mayoría de mis decisiones, incluso la de entrar por la puerta que me había conducido hasta aquí, se había basado mayormente en lo que me iba a dar mayor impulso, no considerando realmente la voluntad del Señor. En todo lo que había hecho aún estaba viviendo para mí mismo y no para Él. Aun en mi deseo de abrazar los juicios aquí, me motivaba lo que me ayudaría más a regresar en victoria sin sufrir pérdida. Todavía mi andar era más egocéntrico que cristocéntrico.

Sabía que el corto diálogo con Pablo tendría consecuencias que tomarían mucho tiempo para comprender completamente. De cierta forma sentía que había recibido una bendición de toda la Iglesia eterna. La gran nube de testigos realmente nos estaban animando a continuar. Nos miraban como padres orgullosos que desean para sus hijos cosas mejores de las que ellos mismos conocieron. Su gozo mayor sería el de ver a la iglesia en los últimos días llegar a ser todo lo que la iglesia de sus días había fallado en alcanzar. También sabía que todavía estaba lejos de alcanzar lo que nos habían preparado y en lo cual debíamos caminar.

«La iglesia de los últimos días no será mayor que su generación, aunque haga obras mayores», añadió el Señor. *«Todo lo que se hace, es hecho por mi gracia. Sin embargo, haré que la iglesia de los últimos días tenga a su alcance más de mi gracia y de mi poder, porque ella deberá lograr más de lo que la iglesia en cualquier otro tiempo ha tenido que lograr. Los creyentes de los últimos días caminarán en todo el poder que he demostrado, y aun más, porque serán los representantes finales de todos aquellos que los han precedido. La iglesia de los últimos días demostrará mi naturaleza y mis caminos como nunca antes han sido demostrados por los hombres, y esto será porque yo les estoy dando más gracia; y a quien más se le ha dado, más se le pedirá.»*

Esto me hizo pensar aún más acerca de Pablo. «¿Cómo podríamos llegar siquiera a ser tan dedicados y fieles como él había sido?», pensé para mí mismo. *«No te estoy pidiendo que logres eso»*, respondió el Señor. *«Te estoy pidiendo que permanezcas en mí. No puedes continuar midiéndote a ti mismo con la medida de otros, ni siquiera con la de Pablo. Siempre parecerás menor que aquel a quien admiras, pero si me miras llegarás mucho más lejos de lo que de otra forma hubieses logrado. Como tú mismo has enseñado, fue tan solo cuando los dos que iban camino a Emaús me vieron partir el pan, que sus ojos fueron abiertos. Cuando lees las cartas de Pablo o las de cualquier otro, debes oírme a mí. Solo cuando recibes tu pan directamente de mí serán abiertos los ojos de tu corazón.*

»Puedes ser más distraído por aquellos que más se me parece, si no miras a través de ellos para verme. Hay también otra trampa para aquellos que llegan a conocer de mi unción y poder más que otros. Por lo general, son confundidos al mirarse a sí mismos. Como te dije antes de que hablaras con Pablo, mis siervos deben llegar a ser ciegos, para que puedan ver. Te permití hablar con él porque es uno de mis mejores ejemplos en esto. Fue debido a mi gracia que le permití perseguir a mi Iglesia. Cuando vio mi luz comprendió que su propio razonamiento lo había conducido a un conflicto directo con la misma verdad que él afirmaba estar sirviendo. Tu razonamiento siempre hará esto; te conducirá a hacer aquello que es exactamente lo contrario a mi voluntad. Una mayor unción trae mayor peligro de que esto te suceda, si no aprendes lo que aprendió Pablo. Si no tomas tu cruz cada día, colocando allí todo lo que eres y todo lo que tienes delante de ella, te tropezarás debido a la autoridad y el poder que te daré. Hasta que aprendas a hacer todas las cosas por el evangelio; Cuanta más influencia tengas, en mayor peligro estarás.

»Uno de los engaños más grandes que vienen sobre mis ungidos es que comienzan a pensar que, como les he dado un poquito del conocimiento o poder sobrenatural, sus caminos deben por lo tanto ser mis caminos y que todo lo que piensan es lo que yo pienso. Este es un gran engaño y muchos han tropezado a causa de eso. Piensas como yo cuando estás en perfecta unión conmigo. Incluso con los más ungidos que ya han caminado en la tierra, incluyendo a Pablo, esta unión ha sido tan solo parcial, y por breves periodos de tiempo.

»Pablo caminaba conmigo tan cerca como ningún otro hombre lo ha hecho. Aun así, también lo asechaban los temores y la debilidad que no venían de mí. Pude haberlo liberado de esto y lo pidió varias veces, pero yo tenía un motivo para no hacerlo. La gran sabiduría de Pablo fue la de abrazar su debilidad, comprendiendo que si lo hubiese librado de eso, no hubiese podido confiarle el nivel de revelación y poder que le entregué. Pablo aprendió a distinguir entre su propia debilidad y la revelación del Espíritu. Él sabía que cuando lo asechaban la debilidad o los temores, él no estaba viendo desde mi perspectiva sino desde la suya. Esto causaba que me buscara y

dependiera mucho más de mí. También tenía cuidado de no atribuirme aquello que surgía de su propio corazón. Por lo tanto podía confiarle revelaciones que no podría haber confiado en otros. Pablo conocía su propia debilidad y mi unción, y distinguía entre ambas. No confundía lo que venía de su propia mente y corazón con mi mente y corazón.»

Comencé a pensar sobre cuán claro estaba todo esto aquí, pero con cuanta frecuencia, incluso después de haber tenido una gran experiencia como esta, aún se me olvida fácilmente. Es fácil comprender y caminar en la luz aquí, pero de regreso al campo de la batalla, nuevamente todo se vuelve nublado. Pensé acerca de cuán poco me asechaban los temores, mientras que sí lo hacían la impaciencia y la ira, las cuales eran también una distorsión de la perspectiva que deberíamos tener al permanecer en el Espíritu Santo.

Sabiduría se detuvo y volteó hacia mí. *«Tú eres una vasija terrenal, y esto es lo único que serás mientras caminas sobre la tierra. Sin embargo, puedes verme tan claramente allá como me vez aquí si miras con los ojos de tu corazón. Podrás estar tan cerca mío allá como cualquiera que haya estado conmigo, y aun más. He hecho el camino de tal forma que todos puedan estar tan cerca mío como lo deseen. Si realmente deseas estar aun más cerca de mí de lo que estuvo Pablo, lo podrás hacer. Algunos desearán esto lo suficiente como para poner a un lado cualquier cosa que impida su intimidad conmigo, de manera que puedan entregarse completamente, y así tener lo que buscan.*

»Si es tu anhelo caminar allá de igual forma como puedes hacerlo conmigo aquí, estaré tan cerca tuyo como lo estoy ahora. Si me buscas, me encontrarás. Si te acercas a mí, yo me acercaré a ti. Es mi deseo colocar una mesa para ti justo en medio de tus enemigos. Este no es tan solo mi deseo para los líderes, sino para todos aquellos, que claman a mi nombre. Quiero estar mucho más cerca tuyo y de cualquiera que clame a mí, de lo que he podido estar con cualquiera que ha vivido. Tú determinarás cuán cerca estaremos, no yo. Yo seré hallado por aquellos que me buscan.

»Tú estás aquí porque pediste mi juicio en tu vida. Me buscaste como Juez y ahora me has encontrado. Pero no debes creer que

porque has visto mi Trono del Juicio ahora todos tus juicios serán los míos. Tan solo tendrás mis juicios a medida que camines en unidad conmigo y busques la unción de mi Espíritu. Esta puede ser obtenida o perdida cada día.

»He permitido que veas los ángeles y te he dado muchos sueños y visiones porque continuaste pidiéndolas. Amo darle a mis hijos los buenos dones que piden. Durante años pediste sabiduría, por lo tanto ahora la estás recibiendo. Me has pedido que te juzgue y lo estás recibiendo. Pero estas experiencias no te hacen totalmente sabio, ni un juez justo. Sólo tendrás sabiduría y juicio mientras permaneces en mí. Nunca dejes de buscarme. Mientras más madures, más conocerás tu necesidad desesperada de mí. Mientras más madures, menos buscarás ocultarte de mí o de otros, entonces podrás caminar siempre en la luz.

»Me has visto como Salvador, como Señor, como Sabiduría y como Juez. Cuando regreses a la batalla aún podrás ver mi Trono del Juicio con los ojos de tu corazón. Cuando camines en la convicción de que todo lo que piensas o haces ha sido revelado aquí, tendrás la libertad de vivir allá como estás viviendo aquí. Será solo cuando te escondas de mí o de otros, que los velos regresarán para ocultarte de mí. Yo soy Verdad y aquellos que me adoran deben hacerlo en espíritu y en verdad. La verdad nunca se encuentra ocultándose en la oscuridad; siempre se mantiene en la luz. La luz expone y manifiesta. Solo cuando anhelas ser expuesto y permites a tu corazón exponerse, caminarás en la luz como yo estoy en la luz. La verdadera comunión conmigo requiere completa exposición. La verdadera comunión con mi pueblo requiere lo mismo.

»Cuando estuviste de pie delante del Trono del Juicio sentías más libertad y seguridad de lo que nunca jamás has sentido, porque ya no tenías que ocultarte. Sentías más seguridad porque sabías que mis juicios eran verdaderos y justos. El orden moral y espiritual de mi universo es tan seguro como el orden natural establecido sobre leyes naturales. Confías en mi ley de gravedad sin pensar en ello. Debes aprender a confiar en mis juicios de la misma forma. Mis normas de justicia son incambiables e igual de seguras. Vivir por esta verdad es caminar en fe. La verdadera fe es tener confianza en quién yo soy.

»Buscas conocerme y caminar en mi poder de manera que pueda sanar a los enfermos y realizar milagros, pero ni siquiera has comenzado a comprender el poder de mi palabra. El restaurar a todos los muertos que han vivido en la tierra no me causaría ningún esfuerzo. Sostengo todas las cosas por el poder de mi palabra. La creación existe y se mantiene junta por mi palabra.

»Antes del fin debo revelar mi poder sobre la tierra. Aun así, el poder mayor que jamás haya revelado o que revelare en el futuro, será una pequeña demostración de lo que puedo hacer. No revelo mi poder para hacer que los hombres crean en él, sino en mi amor. Si hubiera querido salvar al mundo con mi poder cuando caminé en la tierra, hubiese movido montañas indicándolo con un dedo. Entonces, todos los hombres se hubieran postrado delante de mí, pero no porque me amaran o amaran la verdad, sino por temor a mi poder. No quiero que los hombres me obedezcan porque temen a mi poder, sino porque me aman y aman la verdad.

»Si no conoces mi amor, entonces mi poder te corromperá. No te doy amor para que puedas conocer mi poder, sino que te doy poder para que puedas conocer mi amor. La meta de tu vida debe ser el amor, no el poder. Entonces te daré el poder con el cual amar. Te daré el poder para sanar a los enfermos porque los amas, y yo los amo y no quiero que estén enfermos.

»Así es que primero debes buscar el amor y luego la fe. No puedes complacerme sin fe. Pero la fe no es tan solo conocimiento de mi poder sino el conocimiento y el poder de mi amor. La fe, primero debe ser amor. Busca la fe para amar más y para hacer más con tu amor. Solo cuando busques la fe para amar podré otorgarte mi poder. La fe opera mediante el amor.

»Mi palabra es el poder que sustenta todas las cosas. En la medida que creas que mi palabra es fiel podrás hacer todas las cosas. Aquellos que realmente creen que mis palabras son verdaderas, también serán fieles a sus propias palabras. Esta es mi naturaleza: la de ser fiel; y la creación confía en mi palabra porque yo soy fiel a ella. Aquellos que son como yo, también son fieles a sus propias palabras. Su palabra es segura y sus compromisos son confiables. Su "sí" es "sí" y su "no" es "no". Si tus propias palabras no son

verdaderas, también comenzarás a dudar de las mías, porque hay engaño en tu corazón. Si no eres fiel a tus propias palabras es porque realmente no me conoces. Para tener fe debes ser fiel. Te he llamado para que camines por fe, porque yo soy fiel. Esta es mi naturaleza.

»Por eso tendrás que ser juzgado, a causa de las palabras descuidadas que pronuncias. Ser descuidado es cuidar poco. Las palabras tienen poder y a aquellos que no tienen cuidado de las palabras no se les puede encomendar el poder de mi palabra. Es sabio tener cuidado de las palabras y guardarlas como yo las guardo.»

Las palabras del Señor llegaban sobre mí como grandes olas del mar. Me sentía como Job delante de un torbellino. Pensé que estaba empequeñeciendo más y más, y luego me di cuenta que Él se estaba engrandeciendo. Nunca antes me había sentido tan presuntuoso. ¿Cómo pude haber sido tan informal con Dios? Me sentía como una hormiga mirando por la ladera de una montaña. Era menor que el polvo, sin embargo Él se estaba tomando el tiempo para hablar conmigo. No podía permanecer de pie más tiempo y volteé hacia un lado.

Después de un momento sentí una mano sobre mi hombro que me tranquilizaba. Era Sabiduría. Su gloria era mayor ahora, pero nuevamente tenía mi tamaño. *«¿Entiendes lo que acaba de suceder?»*, me preguntó.

Sabiendo muy bien que cuando el Señor formula una pregunta no está buscando información, comencé a reflexionar. Sabía que había sido real. Comparado a Él soy menos de lo que sería una mancha de polvo sobre la tierra, y por algún motivo Él quería que lo experimentara. Respondiendo mis pensamientos, elaboró lo siguiente: *«Lo que estás pensando es cierto, pero esta comparación del hombre para con Dios no es tan solo en cuanto al tamaño. Comenzaste a experimentar el poder de mis palabras. Ser encomendado con mis palabras es ser encomendado con el poder mediante el cual el universo se mantiene junto. No hice esto para hacerte sentir pequeño sino para ayudarte a comprender la seriedad y el poder que te ha sido encomendado: la Palabra de Dios. En todas tus actividades, recuerda que la importancia de una sola palabra de Dios para el hombre es de más valor que todos los tesoros de la tierra. Debes comprender y enseñar a mis hermanos a respetar el valor de mi palabra. Como aquellos que han sido llamados a llevar mis palabras, debes también respetar el valor de tus propias palabras. Aquellos que lleven la verdad deberán ser veraces.»*

Mientras escuchaba me sentía impulsado a mirar hacia uno de los tronos cerca nuestro. Inmediatamente vi a un hombre a quien reconocí. Había sido un gran evangelista cuando yo era niño y muchos sentían que él había ministrado con más poder que cualquier otra persona desde la iglesia primitiva. Había leído acerca suyo y había escuchado algunos de sus mensajes grabados. Era difícil no ser impactado por su genuina humildad y el amor que tenía para con el Señor y para con las personas. También sentía que algunas de sus enseñanzas se habían desviado seriamente. Estaba sorprendido, pero también me sentía aliviado de verlo sentado sobre un gran trono. Me sentía cautivado por la humildad y el amor que aún emanaban de él.

Mientras regresaba mi vista al Señor para preguntarle si podía hablar con él, pude ver cuánto el Señor amaba a este hombre. Sin embargo, no me permitió hablar con él, sino que hizo un ademán para que yo continuara caminando.

«Solo quería que lo vieras aquí», explicó el Señor, *«y que comprendieras la posición que él tiene conmigo. Hay mucho que debes comprender acerca de él. Fue un mensajero para mi iglesia de los últimos días, pero no lo podían escuchar por motivos que entenderás a su tiempo. Él cayó en desánimo y desilusión durante un tiempo y su mensaje fue distorsionado. Este debe ser restaurado al igual que las partes que he dado a otros, las cuales también fueron distorsionadas.»*

Sabía que todo aquí sucedía en un perfecto orden de tiempo con todo lo que se esperaba que yo aprendiera, y comencé a pensar en cómo el ver a este hombre debía estar relacionado con lo que acabábamos de hablar; el potencial que tiene el poder para corromper.

«Sí. Hay un gran peligro en caminar con gran poder», respondió el Señor. *«Ha sucedido con muchos de mis mensajeros y este es*

parte del mensaje que deben darle a mi iglesia de los últimos días. Debes caminar en mi poder e incluso en un poder mayor del que ellos experimentaron, pero si alguna vez comienzas a pensar que el poder es mi aprobación para ti o para tu propio mensaje, abrirás la puerta del mismo engaño. El Espíritu Santo es dado para testificar tan solo de mí. Si eres sabio, como Pablo, aprenderás a gloriarte más en tus debilidades que en tus fortalezas.

»La verdadera fe no es ni más ni menos que el reconocimiento real de quién soy. Pero siempre debes recordar que aunque habites en mi presencia, aunque me veas como soy, aun así puedes tropezar y caer si quitas tu mirada de mí para mirarte a ti mismo. Así fue como cayó Lucifer. Él moraba en este salón, contemplaba mi gloria y la de mi Padre. Sin embargo, comenzó a mirarse a sí mismo más de lo que nos miraba a nosotros. Luego comenzó a sentir orgullo de su posición y poder. Esto también le ha sucedido a muchos de mis siervos a quienes se les permitió ver mi gloria y a quienes se les confió mi poder. Si comienzas a pensar que es a causa de tu sabiduría, tu justicia, o incluso tu devoción a la doctrina pura, tú también tropezarás.»

Sabía que esto era una advertencia tan severa como cualquiera que hubiese recibido o que se me hubiese comunicado aquí. Quería regresar y luchar en esta última batalla, pero tenía serios interrogantes acerca de si lo podría realizar, sin caer en las trampas que ahora parecían estar por todos lados. Miré de nuevo al Señor. Él era Sabiduría y pensé cuánto necesitaba conocerlo como Sabiduría, cuando regresara.

«Es bueno que pierdas confianza en ti mismo. No puedo confiar en ti estos poderes de la era por venir hasta que logres esto. Mientras más confianza pierdas en ti mismo, más poder podré encomendarte, si...»

Esperé durante mucho tiempo a que el Señor continuara, pero no lo hizo. De cierta forma, sabía que Él quería que yo continuara la frase, pero no sabía que decir. Sin embargo, mientras más lo miraba más confianza sentía. Finalmente supe que decir: «Si pongo mi confianza en ti.»

«Sí. Debes tener fe para realizar tu llamado, pero debe ser en mí. No es suficiente el que pierdas la confianza en ti mismo. Esto solo conduce a la inseguridad si no llenas ese vacío con confianza en mí. Esta fue la manera en la cual muchos hombres cayeron en el engaño. Muchos de estos hombres y mujeres eran profetas. Pero algunos de ellos, a causa de la inseguridad no dejaban que los hombres los llamaran profetas. Pero esto no era verdad, porque lo eran. La falsa humildad también es un engaño. Si el enemigo los podía engañar haciéndolos pensar que realmente no eran profetas, también los podría engañar para que pensaran que eran profetas más grandes de lo que realmente eran, simplemente nutriendo su autoconfianza. La falsa humildad no desecha el orgullo, es simplemente otra forma de egocentrismo, que el enemigo tiende a explotar.

»Todos tus fracasos serán el resultado de este mismo egocentrismo. La única forma de ser liberado de esto es caminar en amor. El amor no busca lo suyo.»

Mientras pensaba en todo esto, una maravillosa claridad comenzó a venir hacia mí. Podía ver toda la experiencia de principio a fin, teniendo su punto central en este sencillo y único mensaje. «Cuán fácilmente soy engañado por lo superficial de mi devoción a ti», me lamenté.

El Señor luego se detuvo y me miró con una expresión que, ruego a Él, nunca me olvide. Él sonrió. No quería abusar de esta oportunidad, pero de cierta forma sentía que cuando Él sonreía de esta manera podía pedirle cualquier cosa y Él me la concedería, así es que aproveché la oportunidad.

«Señor, cuando dijiste: "Sea la luz", hubo luz. En Juan 17 oraste pidiendo que te amáramos con el mismo amor conque el Padre te amó. ¿Me podrías decir ahora "sea el amor en ti", para que yo te ame con el amor del Padre?»

No dejó de sonreír, sino que puso su brazo a mi alrededor como un amigo. *«Te dije eso antes de la creación del mundo, cuando te llamé. También se lo he dicho a tus hermanos, quienes lucharán contigo en la última batalla. Conocerás el amor de mi Padre para conmigo. Es un amor perfecto que echará fuera todos tus temores.*

Este amor te capacitará para creerme de manera que hagas las obras que yo hice e incluso mayores, puesto que voy al Padre y conocerás su amor por mí y las obras que se te entregarán para que hagas, las cuales me glorificarán. Ahora, por tu propio bienestar, te digo nuevamente: "que el amor de mi Padre sea en ti".»

Me sentía sobrecogido con un aprecio especial por toda esta experiencia. «Amo tus juicios», dije mientras comencé a girar mirando de nuevo al Trono del Juicio, pero el Señor me detuvo.

«No mires hacia atrás. No estoy allí para ti ahora. Estoy aquí. Te conduciré desde este salón de nuevo hasta tu lugar de batalla, pero no debes mirar atrás. Debes ver mi trono de juicio en tu propio corazón, porque es allí donde está ahora.»

«Igual como el jardín y los tesoros de la salvación...» Pensé dentro de mí. *«Sí. Todo lo que estoy haciendo, lo estoy haciendo en tu corazón. Allí es donde fluyen los ríos de agua viva. Allí es donde estoy.»*

Luego señaló hacia donde yo estaba. Me miré a mí mismo, tirando hacia atrás el manto de humildad. Estaba atónito por lo que vi: mi armadura contenía la misma gloria que rodeaba al Señor. Rápidamente la tapé con mi manto.

«También oré a mi Padre la noche antes de mi crucifixión, que la gloria que había tenido con Él desde el principio estuviese con mi pueblo, de manera que pudiésemos ser uno. Esta es mi gloria, la que unifica. Cuando te unes con otros que me aman, mi gloria será magnificada. Mientras más magnificada sea mi gloria mediante la unión de aquellos que me aman, más conocerá el mundo que fui enviado por el Padre. Ahora, realmente, el mundo conocerá que ustedes son mis discípulos porque me aman y porque se aman los unos a los otros.»

Mientras permanecía mirándolo, mi confianza continuó creciendo. Era como estar lavado desde adentro. Pronto me sentía listo para hacer cualquier cosa que Él me encomendara.

«Todavía hay alguien a quien debes conocer antes de regresar a la batalla», me dijo mientras caminábamos. Yo seguía atónito porque Él había llegado a ser más glorioso aun de lo que era hacía solo instantes.

«Cada vez que me ves con los ojos de tu corazón, tu mente se renueva un poco más», procedió Él. *«Algún día podrás habitar en mi presencia continuamente. Cuando hagas esto, tanto yo como todo lo que has aprendido mediante mi Espíritu estaremos disponibles para ti.»*

Podía escuchar todo lo que decía y lo comprendía, pero estaba tan cautivado por su gloria que simplemente atiné a preguntar: «Señor, ¿por qué eres más glorioso ahora de lo que lo fuiste otras veces, cuando te apareciste a mí como Sabiduría?»

«Nunca he cambiado, pero tú sí. Eres transformado a medida que contemplas mi gloria con un rostro sin velo. Las experiencias que has tenido están removiendo los velos de tu rostro, de manera que puedas verme claramente, pero nada remueve estos velos tan rápidamente como cuando contemplas mi amor.»

Entonces se detuvo y yo volteé a mirar a aquellos que estaban en los tronos cerca de nosotros. Aún estábamos en el lugar donde los altos reyes se encontraban sentados. Reconocí a un hombre que estaba cerca.

«Señor, lo conozco de algún lugar, pero no me doy cuenta de dónde». El hombre respondió: «Una vez me vio en una visión.» ¡Inmediatamente lo recordé y estaba sorprendido! «¡¿Eras una persona real?!» «Sí», me contestó.

Comencé a recordar el día cuando, siendo un cristiano joven, me había frustrado con algunos asuntos en mi vida. Salí a la mitad de un campo de juego, en un parque cerca a mi apartamento, y me había propuesto esperar hasta que el Señor me hablara. Mientras estaba sentado leyendo la Biblia fui envuelto en una visión, una de las primeras que había tenido.

En la visión vi a un hombre que servía celosamente al Señor. Continuamente testificaba a las personas, enseñaba y visitaba a los enfermos para orar por ellos. Tenía pasión por el Señor y un amor genuino por la gente. Luego vi a otro hombre, quien obviamente era un vagabundo. Un pequeño gato cruzó por delante de su camino, y él comenzó a patearlo; luego se detuvo, pero de todos modos lo empujó bruscamente fuera del camino con su pie. El Señor me preguntó cuál de estos hombres le complacía más a Él.

«El primero», le dije sin dudar. *«No, el segundo»*, respondió, y comenzó a contarme sus historias. El primer hombre había sido criado en una familia maravillosa, que siempre había conocido al Señor. Creció en una iglesia próspera y luego asistió a uno de los mejores seminarios bíblicos. Había recibido cien porciones de su amor, pero estaba utilizando tan solo setenta y cinco.

El segundo hombre había nacido sordo. Abusaron físicamente de él cuando era niño y lo mantenían en un ático frío y oscuro, hasta que la policía lo encontró a la edad de ocho años. Desde entonces había sido trasladado de institución en institución, donde el abuso continuaba. Finalmente lo echaron a la calle. Para vencer todo esto, el Señor tan solo le había dado tres porciones de su amor, pero había reunido cada pedazo de este amor para luchar contra la ira en su corazón, dejando de lastimar al pequeño gato.

Ahora miraba a aquel hombre, un rey sentado sobre un trono mucho más glorioso de lo que Salomón podría haber imaginado. Las huestes de ángeles estaban dispuestas a su alrededor, listas para cumplir su voluntad. Miré al Señor con asombro; no podía creer que Él fuera real, mucho menos uno de los grandes reyes.

«Señor, por favor, cuéntame el resto de su historia», le rogué. *«Por supuesto; este es el motivo por el cual estamos aquí. Ángelo fue tan fiel con lo poco que le fue dado, que le di tres porciones más de mi amor. Los utilizó todos para dejar de robar. Casi se muere de hambre, pero se rehusó a tomar cualquier cosa que no fuese suya. Compraba su comida con lo que lograba conseguir recolectando botellas y, ocasionalmente, encontraba alguien que le permitiera cortar el césped de su casa. No podía oír, pero había aprendido a leer, así es que le envié un tratado del evangelio. A medida que lo leía, el Espíritu abrió su corazón y me entregó su vida. Nuevamente dupliqué las porciones de mi amor para él y fielmente las utilizó todas. Él quería compartirle a otras personas acerca de mí, pero no podía hablar. Aunque vivía en tal grado de pobreza, comenzó a gastar más de la mitad de todo lo que ganaba comprando tratados para entregar en las esquinas.»*

«¿Cuántos condujo a ti?», pregunté, pensando que debieron ser multitudes las que le permitieron estar ahora sentado con los reyes.

«Uno», respondió el Señor. *«Permití que él condujera hasta mí a un alcohólico moribundo para animarlo. Esto lo alentó de tal manera que hubiese permanecido parado en esa esquina durante muchos años más, tan solo para traer a otra alma al arrepentimiento. Pero todo el Cielo me estaba rogando que lo trajera aquí, y yo también quería que él recibiera su premio.»*

«¿Pero que hizo él para llegar a ser un rey?», pregunté. *«Fue fiel con todo lo que recibió; logró vencer todo hasta que llegó a ser como yo y murió como mártir.»*

«Pero, ¿qué logró vencer? ¿Cómo fue martirizado?» *«Venció al mundo con mi amor. Muy pocos han logrado vencer tanto con tan poco. Mucho de mi pueblo vive en casas que los reyes de hace tan solo un siglo atrás hubieran envidiado, pero no las aprecian, mientras que Ángelo apreciaba una caja de cartón en una noche fría, y de ella hacía un templo glorioso de mi presencia. Comenzó a amar a todos y a todo. Se regocijaba más con una manzana de lo que algunos en mi pueblo se regocijan con un gran banquete. Fue fiel con todo lo que le di, incluso aunque no fuera mucho comparado con lo que le di a otros, incluyéndote a ti. Te lo mostré en una visión porque tú pasaste a su lado muchas veces. Incluso una vez lo señalaste, hablando de él con uno de tus amigos.»*

«¿Lo hice? ¿Y qué dije?» *«Dijiste: "Ahí está otro de esos Elías que debió escapar de la estación del autobús." Dijiste que él debía ser un "lunático religioso" enviado por el enemigo para desanimar a las personas con respecto al evangelio.»*

Este era el golpe más fuerte que hasta el momento había sufrido en esta experiencia. Estaba más que conmocionado, estaba horrorizado. Procuré recordar el incidente, pero no pude, simplemente porque había muchos otros como este. Nunca había sentido compasión por los predicadores sucios de la calle, quienes me parecían que eran enviados específicamente para desmotivar a las personas con respecto al evangelio.

«Lo lamento Señor; realmente lo lamento.» *«Y eres perdonado»*, respondió rápidamente. *«Y tienes razón. Hay muchos que procuran predicar el evangelio en las calles con motivaciones erradas, e incluso hasta por motivos pervertidos. Aun así, hay muchos que son sinceros; aunque no tengan el entrenamiento adecuado y sean ignorantes, no debes juzgar por las apariencias. Hay tantos siervos verdaderos que tienen la misma apariencia de este, como lo hay en medio de profesionales pulidos en las grandes catedrales y organizaciones que los hombres han construido en mi nombre.»*

Luego hizo un movimiento para que mirara a Ángelo. Cuando volteé había descendido los escalones de su trono y estaba frente a mí. Abrió sus brazos y me dio un gran abrazo, y me besó la frente como un padre. El amor se derramó sobre mí hasta que sentía que inundaría mi sistema nervioso. Cuando finalmente me soltó, yo tambaleaba como si estuviese borracho, pero era un sentimiento maravilloso. Era amor como nunca antes lo había sentido.

«Pudo haberte dado esto a ti en la tierra», continuó el Señor. *«Tenía mucho para darle a mi pueblo, pero no se acercaban a él. Incluso mis profetas lo evitaban. Creció en la fe comprando una Biblia y un par de libros que leía vez tras vez. Intentó ir a las iglesias, pero no encontraba una que lo recibiera. Si lo hubiesen recibido me hubiesen recibido a mí. Él era mi toque en sus puertas.»*

Estaba aprendiendo una nueva definición del dolor. «¿Cómo murió él?», pregunté, recordando que había sido martirizado, queriendo saber si en cierta medida yo había sido responsable. *«Se congeló de frío tratando de mantener vivo a un viejo borrachito que se había desmayado en el frío.»*

Mientras miraba a Ángelo no podía creer cuán duro había sido mi corazón. Aun así, no comprendía cómo esto lo había hecho un mártir, lo cual creía era un título reservado para aquellos que morían por no transigir con su testimonio.

«Señor, sé que él es realmente un vencedor», respondí. «Y es muy justo que esté aquí. Pero, ¿aquellos que mueren así también son considerados mártires?

«Ángelo fue un mártir todos los días de su vida. Tan solo ganaba lo suficiente para mantenerse vivo a sí mismo, y con gusto sacrificó su vida para salvar a un amigo necesitado. Como Pablo escribió a los Corintios, aunque des tu cuerpo para ser quemado si no tienes amor, no vale nada. Pero cuando te das a ti mismo con amor, esto es contado por mucho. Ángelo murió cada día, porque él no vivía para sí mismo, sino para otros. Mientras estuvo en la tierra siempre se consideró a si mismo el menor de los santos, pero fue uno de los mayores. Como ya has aprendido, muchos de aquellos que se consideran a sí mismos "los mayores" y son considerados por otros de la misma forma, aquí terminan siendo "los menores". Ángelo no murió por una doctrina ni por un testimonio, sino que murió por mí.»

«Señor; ayúdame a recordar esto. Por favor, no permitas que olvide lo que estoy viendo aquí cuando regrese», rogué. *«Por eso estoy aquí contigo y estaré contigo cuando regreses. Sabiduría es ver con mis ojos, y no juzgar por las apariencias. Te mostré a Ángelo en la visión para que por eso lo reconocieras cuando lo vieras en la calle. Si hubieras compartido con él el conocimiento de su pasado que te había mostrado en la visión, él me hubiera entregado su vida en aquel entonces. Pudiste haber discipulado a este gran rey y él hubiera tenido un gran impacto en mi iglesia. Si mi pueblo mirara a otros de la manera en que yo lo hago, Ángelo y muchos otros como él habrían sido reconocidos. Hubieran desfilado por los grandes púlpitos y mi pueblo hubiera venido desde los confines de la tierra para sentarse a sus pies, porque al hacer esto se habrían sentado a mis pies. Él les hubiera enseñado amor, y cómo invertir los dones que yo les he dado, para que pudiesen llevar mucho fruto.»*

Estaba tan avergonzado que no quería ni siquiera mirar al Señor, pero finalmente levanté mi rostro hacia Él mientras sentía un dolor que se clavaba en mí, señalándome mi egocentrismo nuevamente. Cuando lo miré estaba virtualmente enceguecido por su gloria. Me tomó un tiempo, pero gradualmente mis ojos se ajustaron, de manera que le pude ver.

«Recuerda que has sido perdonado», me dijo Él. *«No te estoy mostrando estas cosas para condenarte, sino para enseñarte. Siempre recuerda que la compasión quitará los velos de tu alma más rápido que cualquier otra cosa.»*

A medida que comenzamos a caminar nuevamente, Ángelo habló: «Por favor, recuerda a mis amigos, a los desamparados. Muchos de ellos amarían a nuestro Salvador si alguien les contara.»

Sus palabras tenían tanto poder que me sentía muy conmovido para responder, así es que simplemente asentí. Sabía que aquellas palabras eran el decreto de un gran rey y de un gran amigo del Rey de reyes. «Señor, ¿me ayudarás para ayudar a los desamparados?»

«Ayudaré a cualquiera que los ayude a ellos», respondió. *«Cuando amas a aquellos a quienes yo amo, siempre podrás tener mi apoyo. Ellos recibirán al Ayudador en la medida de su amor. Muchas veces has pedido más de mi unción; esta es la manera mediante la cual la recibirás. Ama a aquellos a quienes yo amo. A medida que los ames me amarás a mí. A medida que les des a ellos, me darás a mí y yo te daré más a cambio.»*

Mi mente se transportó a mi cómodo hogar y a todas las demás posesiones que tenía. No era rico, pero por las normas del mundo sabía que vivía mejor que los reyes de hace tan solo un siglo. Nunca antes me había sentido culpable por eso, pero ahora sí. De cierta forma era un sentimiento bueno, pero a la vez no se sentía del todo bien. Nuevamente miré hacia el Señor, puesto que sabía que Él me ayudaría.

«Recuerda lo que dije acerca de cómo mi ley del perfecto amor hizo que la luz y la oscuridad fueran distintas. Cuando llega la confusión como la que ahora sientes, sabrás que lo que estás experimentando no es mi ley del perfecto amor. Yo me deleito en dar buenos dones a mi familia, de igual forma como tú lo haces. Quiero que los disfrutes y los aprecies. Solo que no los debes adorar sino compartirlos libremente cuando yo así te lo pida. Yo podría, con el mover de mi mano, quitar instantáneamente toda la pobreza de la tierra. Vendrá el día del juicio, cuando las montañas y los lugares altos serán nivelados, y los pobres y oprimidos sean levantados, pero yo debo hacerlo. La compasión humana es tan contraria a mí, como lo es la opresión. La compasión humana se utiliza como sustituto del poder de mi cruz. No te he llamado a sacrificarte sino a obedecer. Algunas veces tendrás que sacrificarte para obedecerme, pero si tu sacrificio no se realiza en obediencia, nos separará.

»Eres culpable por la forma en que juzgaste y maltrataste a este gran rey cuando él era mi siervo en la tierra. No juzgues a nadie sin preguntarme a mí. Has perdido muchas más citas, las cuales yo había organizado para ti, más de los que puedas imaginarte, simplemente porque no fuiste sensible a mí. Sin embargo, no te mostré esto meramente para hacerte sentir culpable sino para traerte al arrepentimiento, de manera que no continúes perdiéndolas. Si tan solo reaccionas con culpabilidad, comenzarás a hacer las cosas para compensar esa culpa, lo cual es una afrenta a mi cruz. Solo mi cruz puede quitarla, y debido a que yo fui a la cruz para remover tu culpabilidad, todo aquello que se hace con esta motivación no se hace por mí.

»No disfruto del sufrimiento de los hombres», continuó Sabiduría. *«Pero la compasión humana no los conducirá a la cruz, la cual es el único alivio para el sufrimiento real. Perdiste el encontrarte con Ángelo porque no estabas caminando en compasión. Tendrás más cuando regreses, pero tu compasión deberá estar sujeta a mi Espíritu. Incluso yo no sané a todos aquellos por los cuales sentía compasión, sino que hice solo aquello que vi a mi Padre hacer. No debes hacer las cosas simplemente por compasión, sino en obediencia a mi Espíritu. Solo entonces tu compasión tendrá el poder redentor.*

»He encomendado en ti los dones de mi Espíritu. Has conocido mi unción en tu predicación y en tus escritos, pero lo has conocido mucho menos de lo que eres consciente. Rara vez percibes realmente con mis ojos, o escuchas con mis oídos, o comprendes con mi corazón. Sin mí no puedes hacer nada que beneficie mi reino o promueva mi evangelio. Has luchado en mis batallas y has visto la cúspide de mi montaña. Has aprendido a disparar flechas de verdad y herir al enemigo. Has aprendido un poco acerca de usar mi espada. Pero el amor es mi arma más poderosa. El amor nunca fallará. El amor será el poder que destruya las obras del diablo. Y el amor es lo que hará que venga mi reino. El amor es el estandarte de mi ejército. Bajo ese estandarte es que ahora debes luchar.»

Con esto dimos la vuelta en un corredor y ya no estábamos en el gran salón del juicio. La gloria de Sabiduría estaba toda a mi alrededor, pero ya no lo podía ver claramente. De repente llegué a una puerta. Me volteé porque no quería irme, pero inmediatamente supe que debía hacerlo. Esta era la puerta a la cual Sabiduría me había conducido. Debía pasar a través de ella.

Continuará ...